Ludwig Johannes Wolff

Die Logistik 4.0 und moderne technische Systemlösungen

Wie arbeiten Mensch und Maschine in Zukunft zusammen?

Bibliografische Information der Deutschen Nationalbibliothek:

Die Deutsche Nationalbibliothek verzeichnet diese Publikation in der Deutschen Nationalbibliografie; detaillierte bibliografische Daten sind im Internet über http://dnb.d-nb.de abrufbar.

Impressum:

Copyright © Studylab 2019

Ein Imprint der Open Publishing GmbH, München

Druck und Bindung: Books on Demand GmbH, Norderstedt, Germany

Coverbild: Open Publishing GmbH | Freepik.com | Flaticon.com | ei8htz

Vorwort

Sehr geehrter Leser,

Eine funktionierende moderne Logistik hat für jedes Unternehmen, für jede Organisation, aber auch für die Leistungsfähigkeit ganzer Volkswirtschaften einen immensen Stellenwert, dieser Tatsache bin ich mir tatsächlich schon früh, bereits während meiner Dienstzeit in der Heeresnachschubtruppe vor bald acht Jahren, bewusst geworden. Die große Bedeutung der globalen Digitalisierung eröffnete sich mir in diesem Zusammenhang jedoch erst in den höheren Semestern meines Logistikstudiums und weckte sofort ein persönliches Interesse. Daher ist es ein großes Glück, dass ich mit der Anfertigung dieser theoretischen Abschlussarbeit die Möglichkeit erhielt, die Themenbereiche Logistik und Digitalisierung zu vereinen. An dieser Stelle bedanke ich mich bei Herrn Prof. Dr. Wolfgang Müller, nicht nur weil er sich ohne zu Zögern dazu bereiterklärte diese Bachelorthesis zu betreuen, sondern auch für seine schnellen und hilfreichen Antworten auf meine Detailrückfragen während des Bearbeitungszeitraums. Die Fertigstellung war kein einfaches Unterfangen, besonders die Quellenrecherche gestaltete sich aufgrund der schier unendlichen Masse an Internetinhalten und Fachliteratur deutlich aufwendiger als angenommen. Auch während der gesamten schriftlichen Ausarbeitung einen roten Faden beizubehalten, inhaltlich nicht zu sehr abzudriften und den Umfang anforderungsgerecht einzuhalten waren Herausforderungen die es zu meistern galt. Ich lade Sie daher ein, sich im Folgenden selbst eine Meinung über Qualität und Inhalt dieser Arbeit zu bilden, die Ergebnisse nachzuvollziehen, vielleicht auch kritisch zu hinterfragen und im Leseverlauf eine eigene Sichtweise auf das Kernthema zu entwickeln. Sie möchten wissen, was Logistik 4.0 eigentlich ist und wie Mensch und Maschine in diesem Konzept zukünftig zusammenarbeiten? Die Antworten liegen gebunden vor Ihnen, ich bin überzeugt, nach nur 46 Seiten werden Sie es wissen.

Inhaltsverzeichnis

Abkürzungsverzeichnis

AR	Augmented Reality
CPS	Cyber-Physische(s) System(e)
C'T	Magazin für Computertechnik
ETZ	Elektrotechnik & Automation
FTF	Fahrerlose(s) Transportfahrzeug(e)
FTS	Fahrerlose(s) Transportsystem(e)
HUD	Head-Up-Display
Ifo	Ifo Schnelldienst
IM+io	Fachzeitschrift für Innovation, Organisation und Management
IoT	Internet of Things
I40	Industrie 4.0 Management
KEP	Kurier-, Express-, Paket-
KI	Künstliche Intelligenz
MRK	Mensch-Roboter-Kollaboration
RFID	Radio-Frequency Identification
SC(M)	Supply-Chain(-Management)
TUL	Transport-, Umschlag-, Lagerung-
VR	Verkehrsrundschau
WiWo	Wirtschaftswoche

Abbildungsverzeichnis

1 Einleitung

Die Welt der Logistik ist im Wandel und der Wandel ist digital. Der Wandel kennt auch eine Zahl: 500 Milliarden Euro. Dieser Betrag beziffert das volkswirtschaftliche Gesamtpotenzial der Digitalisierung in Deutschland, hochgerechnet auf ganz Europa würde sich der Betrag noch einmal verfünffachen. Trotz dieses enormen Potenzials hat die deutsche Wirtschaft, besonders die Transport- und Logistikbranche, die Digitalisierung lange verschlafen. Erst vor wenigen Jahren haben die meisten Unternehmen begonnen den größten Megatrend des neuen Jahrtausends ernst zu nehmen und dabei gleichzeitig ihr unterdurchschnittliches Digitalisierungsniveau erkannt.[1] Dies gab den Anstoß zu einer technologischen Aufholjagd und Investitionsbereitschaft welche ihresgleichen sucht, denn gerade die für Deutschland so unverzichtbare Logistikbranche steht in vielen Belangen immer noch ganz am Anfang des Umbruchs. Doch die Zeichen stehen auf Fortschritt, im Ausblick auf 2018 geben sich die Logistikmanager kämpferisch: Mehr Flexibilität in der Leistung, innovative Geschäftsmodelle, maximale Transparenz in der Lieferkette, höhere Präzision der Zustellung, optimierte Logistikprozesse und Schaffung neuer Kostenvorteile sind nur einige der erklärten Ziele. Wie diese Ziele erreicht werden sollen? Vor allem natürlich „digital": Digitalisierte Prozesse, digitale Speditionen, digitale Schnittstellen, digitales Denken und diverse weitere Kombinationen gehören hier zu den häufigsten Antworten, welche sich zusammengefasst wohl besser in einem Schlagwort ausdrücken lassen: Logistik 4.0. Denn die Logistik 4.0 ist der Branchentreiber schlechthin, steht sie doch gleichbedeutend für die Implementierung neuer Technologien, durch deren Einsatz die oben genannten Zielvorstellungen erfüllt werden sollen.[2] Diese Technologien sollen jedoch nicht nur hohe Gewinne oder Einsparungen ermöglichen, sondern aufgrund der stetig wachsenden exogenen Herausforderungen die Zukunftsfähigkeit und Rentabilität der Unternehmen sicherstellen. Die individuellen Herausforderungen sind vielfältig und je nach Logistikzweig unterschiedlich stark ausgeprägt, jedoch lassen sie sich recht genau kategorisieren: Kostendruck, Nachfrageschwankungen, Regulierung, Individualisierung, Fachkräftemangel, Risiken, Nachhaltigkeit, verändertes Käuferverhalten und ganz besonders eine zunehmende Komplexität machen der deutschen

---

[1]   Vgl. o.V., 500 Milliarden Euro Potenzial, 2017.
[2]   Vgl. Wissmann, M./Rodi, H./Frese, B./Hellmich, K./Voß, P./Winkelmann, B., VR Spezial 2018, S. 4-6.

Logistikbranche das Leben schwer.[3] Die angesprochenen Logistik 4.0-Technologien sollen diese Trends in Zukunft unter anderem durch Vernetzung, Dezentralisierung und Automation kompensieren. Doch was sind das für Technologien und was macht sie aus? Wie funktionieren sie und wessen Arbeitsalltag werden sie verändern? An dieser Stelle setzt der eigentliche Inhalt dieser wissenschaftlichen Arbeit an, denn die folgenden Kapitel widmen sich intensiv der Beantwortung solcher Fragen, zusammengefasst in der grundlegenden Kernfragestellung „Logistik 4.0 – Wie arbeiten Mensch und Maschine in Zukunft zusammen?". Zu deren fundierter, nachvollziehbarer Beantwortung ist die Thesis in insgesamt fünf aufeinander aufbauende Abschnitte eingeteilt. Der erste Teil dient der theoretischen Einführung in das Vokabular der Digitalisierung, denn zur Nachvollziehbarkeit dieser Arbeit müssen neben dem zentralen Logistik 4.0-Begriff noch einige weitere ausgewählte Fachbegriffe und Konzepte vorgestellt, definiert und erklärt werden. Der zweite Abschnitt befasst mit den Auswirkungen der Logistik 4.0 auf die Branche, beginnend mit den Veränderungen in klassischen Arbeitsabläufen, gefolgt von einer näheren Beschreibung aktueller Herausforderungen für Logistikunternehmen und Dienstleister sowie die Vorstellung einer breiten Auswahl moderner Logistik 4.0-Technologien aus den Bereichen Last-Mile-, Intra- und Transportlogistik. Das darauffolgende Kapitel ergänzt diese allgemeine Auswahl mit einer präzisen Betrachtung und Analyse dreier besonders interessanter Systeme: Der Augmented Reality, dem Hub2Move und dem autonomen Fahren. Im vorletzten fünften Abschnitt wird noch ein kurzer Ausblick auf eine Zukunft der Logistik ohne menschliche Mitarbeiter auf Basis zweier verschiedener Ansätze gegeben, woraufhin im finalen Kapitel die Ergebnisse der Arbeit kompakt zusammengefasst und letztendlich auch die Fragestellung konkret beantwortet wird. Dem Fazit folgen noch ein umfangreicher Anhang mit diversen Abbildungen zur Veranschaulichung oder Ergänzung der geschilderten Inhalte sowie natürlich ein Quellenverzeichnis mit allen genutzten Literatur- und Internetquellen nach. Soviel zur Einführung, Intention und Gliederung dieser Abschlussarbeit, ist das Interesse geweckt, darf sich ab der nächsten Seite sofort mit der Logistik 4.0, vielen hochinnovativen Technologien und den zukünftigen Veränderungen für Beschäftige und Unternehmen auseinandergesetzt werden, denn eines steht im Vorhinein fest: Der Wandel in der Logistik ist nicht nur digital, er ist bereits heute Realität.

---

[3]   Vgl. Bundesvereinigung Logistik, Trends und Strategien, 2017, S. 20-21.

2 Begriffserklärung und Abgrenzung

2.1 Digitalisierung

Um die wesentlichen Inhalte sowie die eigentliche Themenstellung dieser wissenschaftlichen Arbeit überhaupt erst sinngemäß nachvollziehen zu können, ist es zunächst erforderlich, die diversen Begrifflichkeiten, welche vor allem durch die vielschichtige aktuelle Debatte um die Kernthemen dieser Arbeit entstanden sind, klar zu definieren und somit vergleichbarer, transparenter und verständlicher darzustellen. Gleichzeitig wird so eine gemeinsame Basis zwischen Autor und Leser für das Verständnis des spezifischen Vokabulars geschaffen, denn es ist im Vorhinein sofort anzumerken, dass der Megatrend Digitalisierung in den Fachkreisen der internationalen Wirtschaft, Forschung und Politik ununterbrochen neue Bezeichnungen generiert. Neben „Digitalisierung" fallen auch immer wieder Begriffe wie „Digitale Transformation", „Digitaler Wandel", „Digitale Wende", „Digitale Revolution" aber auch anwendungsspezifische Varianten wie beispielsweise „Arbeit 4.0", um nur einige Beispiele zu nennen. Trotz der im jeweils stark variierenden Kontext schier endlosen Flut an sprachlichen Neukreationen eint der jedoch Wortteil „Digital" die meisten Bezeichnungen.[4;5] In einer allgemeinen Betrachtung kann die Digitalisierung nebst ihren diversen genannten Ablegern jedoch wie folgt erklärt werden: Die Digitalisierung der Welt lässt sich als einen fortwährenden Prozess der technologisch gesteuerten Umwälzung von Wirtschaft und Gesellschaft definieren, ausgehend von der stetigen „Computerisierung" im jungen Informationszeitalter. Als treibende Kräfte dieser digitalen Umwälzung gelten vordergründig neu entstehende disruptive Technologien und die daraus resultierenden innovativen Geschäftsmodelle auf Basis einer zunehmenden Autonomisierung, Flexibilisierung und Individualisierung von Prozessen, Produkten und Dienstleistungen.[6] Die beschriebene Disruption, welche in diesem Kontext als hochinnovativer, alte Wertschöpfungsformen zerschlagender, oder gar revolutionärer Schaffensprozess und dessen Folgen angesehen wird, ist jedoch nicht ausschließlich auf einer rein ökonomischen, sondern auch auf einer gesellschaftlichen Ebene zu verstehen, was den eigentlichen Oberbegriff der Digitalisierung in der sinngemäßen Betrachtung von

---

4   Vgl. Schorta, S., Digitalisierung und Arbeit 4.0.

5   Vgl. Meffert, J./Dörner, K./Mohr, N./Schumacher, T., Auf ins neue Zeitalter, 2017.

6   Vgl. Bendel, O., Digitalisierung.

dem der Industrie 4.0 abgrenzt, da in diesem Zusammenhang die beiden Vokabeln oft als identisch ausgelegt werden. Abschließend ist also festzustellen, dass sich neben Industrie 4.0 also auch branchenspezifische Auslegungen wie die Logistik 4.0 in ihrer Gesamtheit, zumindest im deutschsprachigen Raum, jeweils als tragender Teil des Megatrends Digitalisierung beschreiben lassen.[7;8;9]

2.2 Industrie 4.0

Obwohl sich diese Arbeit im Kern natürlich mit einer Themenstellung rund um den Bereich Logistik 4.0 auseinandersetzt, ist es im Hinblick auf das Gesamtverständnis des übergeordneten Themenfelds der Digitalisierung eine alternativlose Notwendigkeit, zunächst einen kurzen Einblick in Bedeutung und Inhalt des Industrie 4.0-Begriffs zu geben. Ähnlich den zu Anfang von Punkt 2.1 geschilderten Umständen, könnte man im deutschsprachigen Raum auch beim Thema Industrie 4.0 fast schon von einer teils euphorischen, teils ängstlichen Hysterie um etwaige Potenziale, Mehrwerte und Risiken sprechen, welche angestoßen von Konzernen und Politik, mittlerweile auch sämtliche Schichten des produzierenden Mittelstands bis hin zu Kleinunternehmen erfasst hat.[10] Es gilt also erneut, der unvermeidlichen Flut an verwässerten Inhalten zu trotzen und somit eine klare Definition abzuleiten: Der Begriff Industrie 4.0 wurde 2011 zunächst als reiner Marketingbegriff zur Einführung der vom Bundesministerium für Forschung und Entwicklung initiierten Wirtschaftsförderkampagne „Die neue Hightech-Strategie" geschaffen und ist in diesem Zusammenhang spätestens seit Einführung der „Plattform Industrie 4.0" in 2013 auch ein integraler Bestandteil von Forschung und Entwicklung rund um das Thema Digitalisierung der Wirtschaft in Deutschland.[11;12] Selbstverständlich beschreibt das Schlagwort Industrie 4.0 weit mehr als nur ein Zukunftsprojekt der Bundesregierung, daher folgt nun eine Betrachtung der Begrifflichkeit sowohl im volkswirtschaftlichen als auch im technologisch getriebenen Sinne: Unter Industrie 4.0 versteht man die aktuell jüngste Stufe des industriellen Fortschritts, auch vierte industrielle Revolution genannt, hauptsächlich basierend auf der fortschreitenden

---

[7]   Vgl. o.V., Disruption.

[8]   Vgl. Bauer, T./Hermanni, A./Stopper, S./Ornau, F., Digitalisierung in Wirtschaft und Wissenschaft, 2017, S. 1-4.

[9]   Vgl. Müller, W., Industrie 4.0, 2015.

[10] Vgl. Heisterhagen, N./Schwickert, D., Industrie 4.0 ist Deutschlands Chance, 2014.

[11] Vgl. Bendel, O., Industrie 4.0.

[12] Vgl. o.V., Hintergrund zur Plattform Industrie 4.0, 2018.

massiven Digitalisierung, Technisierung aber auch Individualisierung von industriellen oder industriell-geprägten Produktions- und Fertigungsstätten sowie deren kooperativ-kaufmännische Gesamtumgebung der Wertschöpfung, um bereits an dieser Stelle die jeweilig individuellen Lieferanten- und Dienstleisternetzwerke nicht außen vor zu lassen. Warum sofort von einer vierten Revolution gesprochen wird ist schnell erklärt: Die Geschichte der Industrialisierung ist bei jedem ihrer über drei Jahrhunderte verteilten Sprünge, eine detaillierte Übersicht über die Historie findet sich im Anhang, immer von der Einführung und Nutzung einer neuartigen Technologie geprägt, beginnend mit der Dampfmaschine, gefolgt von der Elektrizität, bis hin zum Computerchip. Jede einzelne dieser beschriebenen Technologien kann als Beispiel für erfolgreiche Disruption dienen, als eine Umwälzung, welche durch die zunehmende Veränderung der globalen und nationalen Märkte notwendig wurde. Selbstverständlich ist dieser Umstand auch für die Einführung des Industrie 4.0-Begriffs ursächlich, konkret der zunehmenden Komplexität der Märkte auf Basis der bereits beschriebenen stetig steigenden Anforderungen an Industrie und Dienstleister geschuldet. So ist es wohl wenig verwunderlich, dass im Zusammenhang mit Industrie 4.0 auch oft von der vierten technologischen Revolution gesprochen wird, da im Zentrum der bereits beschriebenen Attribute von Industrie 4.0 primär die sogenannten „Cyber-Physical-Systems", kurz „CPS", stehen, welche als Kerntechnologie mit disruptivem Charakter für die erfolgreiche Umsetzung von Industrie 4.0-Kernkonzepten, wie der intelligenten Fabrik, der „Smart Factory", stehen.[13] „Smart" ist das Wort der Stunde in diesem Kontext, denn in der Wunschvorstellung einer Fabrik der Zukunft wären alle erdenklichen Glieder der Value- oder Supply-Chain, angefangen beim Menschen, über Anlagen, Ressourcen und Ladungsträger bis hin zum fertig ausgelieferten Produkt im Kundengebrauch, „smarte" Faktoren, also intelligent über das Internet vernetzte, in Echtzeit untereinander kommunizierende, sich selbst organisierende dezentrale Einheiten. Die gewünschte Zielsetzung eines solchen Modells im Sinne der Industrie 4.0 wäre eine automatische maximal-effiziente Produktion auf Basis einer bedarfsgerecht optimierten Datenlage in Echtzeit.[14] An dieser Stelle könnte man sich nun bereits die berechtigte Frage stellen wie und ob der Faktor Mensch als Arbeitskraft überhaupt in dieses Paradigma der Zukunft passt, ein erster Denkanstoß zur eigentlichen Thematik dieser Arbeit. Ersten Aufschluss gibt womöglich ein weiterer Einblick in

---

[13]   Vgl. Bauernhansl, T./Ten Hompel, M./Vogel-Heuser, B., Industrie 4.0, 2014, S. 1-15.

[14]   Vgl. Eisert, R., Gebt den Maschinen das Kommando, 2014.

die Theorie der Industrie 4.0: Es ist anzumerken, dass sich alle internen und externen „smarten" Faktoren und Modelle individuell in drei Kategorien einordnen lassen, in die drei Internete: Das vielbesungene „Internet der Dinge" bzw. das „IoT", ein weiterer Standardbegriff in der Debatte rund um Industrie 4.0, das Internet der Dienste und natürlich das Internet der Menschen. Auf der Basis dieser unabhängigen Internete und deren diversen Bestandteilen, wird wiederum erst dann eine reale Industrie 4.0-Umgebung geschaffen, wenn die gemeinsame Konnektivität über entsprechende Schnittstellen, also gemeinsame Plattformen, ermöglicht oder gewährleistet ist. Somit schließt sich der Kreis zu den bereits erwähnten CPS, der Kerntechnologie, da sich diese über ihre eingebetteten Kommunikationssysteme über CPS-Plattformen kooperativ vernetzen und so die Idee der Industrie 4.0 und ihrer Modelle und Konzepte systemseitig erst ermöglichen.[15;16] Eine detaillierte Abbildung zur Veranschaulichung der drei „Internets" findet sich im Anhang, die CPS, ihre Varianten, Stufen und Eigenschaften werden noch ausführlich im nächsten Punkt 2.3. dieser Arbeit beschrieben, da diese ganz besonders im Fokus des zentralen Themas Logistik 4.0 stehen. Final ist in diesem Punkt der Arbeit noch anzumerken, dass die große Aufmerksamkeit rund um Industrie 4.0 kein rein nationales Phänomen ist, denn die Entwicklung von digitale Produktions- und Wertschöpfungsmodellen auf Basis der kommunizierenden CPS ist in sämtlichen entwickelten Volkswirtschaften der Welt das treibende Thema der wirtschaftsstrategischen Ausrichtung, unabhängig vom Status als Schwellen- oder Industrienation. Die Unterschiede liegen im Grad der digitalen Ausrichtung und der individuellen Anwendungsmöglichkeit der Konzepte, sowie natürlich in den Bezeichnungen, die sich mehr oder weniger ähneln. Hohe Bekanntheit genießt beispielsweise das US-amerikanische „Industrial Internet of Things", wohingegen sich wohl nur die Wenigsten etwas Präzises unter dem chinesischen Staatsprojekt „Made in China 2025" vorstellen können.[17] Dies wäre im Sinne dieser Thesis auch nicht weiter erforderlich, da sich der gesamte weitere Inhalt, vor allem bezüglich der abgeleiteten Logistik 4.0, auf die Theorie und Abgrenzung in diesem Abschnitt bezieht.

---

[15] Vgl. Roblek, V./Mesko, M./Krapez, A., Industry 4.0, 2016.

[16] Vgl. Bauernhansl, T./Ten Hompel, M./Vogel-Heuser, B., Industrie 4.0, 2014, S. 15-16.

[17] Vgl. Heilmann, D/Eickemeyer, L./Kleibrink, J., Industrie 4.0 im internationalen Vergleich, 2016, S. 33-47.

2.3 CPS

Die Zielsetzung dieses Gliederungspunktes ist das Erreichen eines klaren und logischen Verständnisses der nun bereits mehrfach erwähnten Kerntechnologie, einfach um die Nachvollziehbarkeit zur realen Nutzung im gesamten Kontext zu maximieren. Aufgrund der enormen fachlichen Tiefe in den Bereichen Wirtschaftsinformatik, Maschinenbau und Robotik, welche bei einer umfangreichen Auseinandersetzung mit diesem branchenübergreifenden Fachthema unvermeidlich schnell erreicht wird, liegt der Fokus in den Erläuterungen dieses Abschnitts auf einer allgemeinen Definition des Begriffs sowie auf der Beschreibung der abgestuften Anwendbarkeit im bisherigen Kontext der Digitalisierung von Industrie- und Logistikumgebungen. Allgemein stehen CPS, also cyber-physical-systems, zu Deutsch Cyber-physische Systeme, für eine kooperative Verschmelzung oder eine gegenseitige Integration von realen mechanischen oder biologischen Komponenten mit software- und informationstechnischen Elementen auf Basis eines gemeinsamen Kommunikationsstrangs zum effektiven Austausch von teils eigens generierten Echtzeit-Daten zur Schaffung hochkomplexer, automatisierter und individueller Wertschöpfungsumgebungen. Der gemeinsame Kommunikationsstrang zwischen dem „Cyber"-Part, also der reinen informationstechnischen Seite und dem „Physical"-Part, der ausschließlich mechanischen oder menschlichen Seite, fungiert gleichzeitig auch als Anbindung an eine übergeordnete Befehlsinfrastruktur, die als gemeinsame Schnittstelle das eigentliche Wesen sowie auch die Aufgaben und Tätigkeiten des CPS definiert, vorgibt, steuert und kontrolliert.[18] Was aber steckt konkret hinter den genannten Komponenten, dem Kommunikationsstrang und der Befehlsinfrastruktur? Eine Antwort liegt bereits in den Erläuterungen zu Punkt 2.2 versteckt, die CPS sind über das Medium Internet, logischerweise als Teil des Internets der Dinge, über Ihre ebenfalls untereinander kommunizierenden CPS-Plattformen vernetzt, welche den direkten Datentransfer und die dauerhafte Kommunikation mit allen verbundenen, für den Wertschöpfungsprozess relevanten, „smarten" Faktoren gewährleisten und ermöglichen können. Natürlich greift das System nicht nur Fremddaten auf, sondern muss, um überhaupt eine eigene individuelle Funktion ausüben zu können, auch eigene Daten generieren und diese an seine Plattform übermitteln. Eigene Datensätze werden bei den CPS durch eine möglichst effizient integrierte und ausgeprägte Sensorik generiert, welche während des gesamten

---

[18] Vgl. Bendel, O., Cyber-physische Systeme.

CPS-Einsatzes konstant die jeweilige virtuelle Umgebung erfasst und in Kombination mit den durch die Plattform bereitgestellten, ausgewerteten Daten in Echtzeit die nächsten realen Aktionen der jeweiligen CPS errechnet.[19] Was rein oberflächlich betrachtet schnell nach der Machtübernahme der Roboter und Maschinen klingen mag, ist in der Praxis, allein aufgrund begrenzt verfügbarer Rechenkapazität, begrenzter Bandbreiten und sonstiger komplexer IT-Problematiken, meist fehlender Investitionen seitens Wirtschaft und Politik geschuldet, glücklicherweise reine Theorie.[20] Die essentiellen Potenziale von CPS wurden jedoch schon früh erkannt und befinden sich in mehr oder weniger ausgeprägten Stadien bereits in einer realen Umsetzung oder Planung. So ist es an dieser Stelle wohl nur sinnvoll, diese verschiedenen Stadien, sowie deren technologische Ausprägung, also vor allem die mechanischen Komponenten im zentralen Zusammenhang mit der Funktion des Menschen, der biologischen Komponente innerhalb der CPS, evolutionär zu klassifizieren und so bereits einige Anwendungsbeispiele aus den Bereichen Logistik, Warehousing, E-Commerce und Transport aufzuzeigen, welche dann im weiteren Textverlauf in den Arbeitsabschnitten 3. und 4. auch teilweise genauer vorgestellt und beschrieben werden. Differenziert werden CPS in den folgenden, insgesamt vier technologischen Entwicklungsstufen: Die erste Stufe bilden passive, „dumme", Systemkomponenten, wie der bekannte RFID-Tag, welcher als idealer Nachfolger des feudalen Barcodes gehandelt wird. Dieser ist zwar systemisch in der Lage eine geringe Menge Daten abzuspeichern und diese auch zu senden, jedoch ist der Chipsatz ohne die externe Möglichkeit des Auslesens sowie der Auswertung des Datensatzes völlig isoliert, da er selbst keine Eigenschaften der selbstständigen Berechnung oder Vernetzung im Sinne eines intelligenten Systems aufweist. Dies ist selbstverständlich seiner einfachen Machart geschuldet, welche ihn als einer der wenigen Vertreter seiner Entwicklungsstufe wiederrum allein aufgrund der für ein eigenständiges technisches System relativ geringen Anschaffungskosten bei solider Bauweise für breiteste Anwendungsfelder nicht nur im industriellen Sektor, sondern selbstverständlich auch im Bereich der KEP-Dienstleister sowie der Produktions- sowie Lagerlogistik attraktiv macht.[21;22] Die zweite Stufe der CPS stellen Systeme mit einfach integrierter netzwerkfähiger Sensortechnik dar, welche in

---

[19] Vgl. Janiesch, C., Cyber-physische Systeme, 2017.

[20] Vgl. Heisterhagen, N./Schwickert, D., Industrie 4.0 ist Deutschlands Chance, 2014.

[21] Vgl. o.V., RFID der Intralogistik, 2013.

[22] Vgl. Bauernhansl, T./Ten Hompel, M./Vogel-Heuser, B., Industrie 4.0, 2014, S. 16.

genau definierten, extern gesteuerten Rahmenbedingungen Funktionen und Handlungen durchführen, klassische Vertreter dieser Gruppe sind beispielsweise Fertigungsroboter in der Produktion, aber auch fahrerlose Transportfahrzeuge(FTF), welche auf fixen Bahnen Güter befördern, aber auch ein- und auslagern, eine bekannte Technik aus modernen automatisierten Hochregallägern.[23] Wirklich innovativ wird die Entwicklung der CPS ab der dritten Stufe, in welcher das CPS erstmals „smart" wird, sich also intelligent und selbstständig mit anderen Systemen und Akteuren, wie dem Menschen selbst, vernetzt. In dieser Stufe schaffen diese intelligenten, anpassungsfähigen Systeme einen erhöhten Mehrwert der menschlichen Arbeitsleistung, da sie ihn nicht ersetzen, sondern gezielte entlasten oder verstärken um seine persönliche Leistung zu maximieren oder auszubessern. Hier ist besonders die Rede von aktuellen Logistikprojekten, angefangen bei Virtual Reality- oder Augmented Reality-Anwendungen (VR/AR) über intelligente Assistenzsysteme in Nutzfahrzeugen bis hin zu funktionierenden Mensch-Roboter-Kollaborationen(MRK), um nur eine ausgewählte Beispiele zu nennen. Die finale Stufe, das „System der Systeme", erreicht die CPS-Entwicklung erst an dem Punkt, wenn sich das System selbst vollautomatisiert, autonom und in dauerhafter Kommunikation mit allen anderen verfügbaren Systemen für eine variabel anpassbare Zielsetzung, beispielsweise für die Produktion eines hochindividuellen Einzelstücks, selbstständig konfiguriert und sich während des laufenden Prozesses parallel innerhalb seines Netzverbundes aus anderen CPS und deren Echtzeit-Daten weiterentwickelt und optimiert. Allerdings wird es wohl noch Jahre der Entwicklungszeit benötigen, um einen solchen Systemstandard für die tatsächliche betriebliche Nutzung auch nur im Ansatz zu realisieren.[24] Nach diesen Ausführungen ist es wohl unschwer zu erkennen, dass der tatsächliche Mehrwert und der damit verbundene erfolgreiche Einsatz von cyber-physischen Systemen maßgeblich von der Qualität, Menge und Verfügbarkeit der modernsten aller Industrieressourcen, also von Daten oder Datensätzen, abhängt. Bevor dieser besagte Umstand im nächsten Punkt noch näher präzisiert wird, lässt sich zur gesamten Aufstellung der dreistufigen, aufeinander aufbauenden Entwicklung von CPS und der damit einhergehenden immer größer werdenden Bedeutung von Netzwerken und Datenströmen noch anmerken, dass aufgrund des evolutionären Charakters dieser Entwicklung manche Kritiker bei

---

[23] Vgl. o.V., Hochregallager, 2013.
[24] Vgl. Bauernhansl, T./Ten Hompel, M./Vogel-Heuser, B., Industrie 4.0, 2014, S. 17.

Industrie 4.0 mittlerweile auch eher von einer technischen Evolution anstatt einer industriellen Revolution sprechen, um abschließend zu diesem Gliederungspunkt noch einmal die öffentliche Debatte aufzugreifen.[25]

2.4 Big Data

Datenströme, Datensätze, Konnektivität, Cloud computing, Plattformen, bei der tieferen Auseinandersetzung mit Themen der Digitalisierung wird, auch vor dem Hintergrund der bisherigen Abgrenzungen, ein regelrecht inflationäres Feuerwerk an Fachvokabular mit informationstechnischem Hintergrund im Bereich der Erfassung, Analyse, Auswertung und Nutzung großer unternehmenseigener oder öffentlicher Datenmengen abgefeuert. Der meistgenannte Oberbegriff in diesem Fachbereich: Big Data. Trotz des hohen Namensalters hat der massive Ausbau von Big Data und dessen Strategien in Unternehmen nach wie vor hohe bis höchste Priorität.[26] Doch was steckt genau dahinter? Der nun folgende Textabschnitt hat das Ziel Big Data, sowie die im Kontext zahlreich auftretenden verwandten Begriffe, im Hinblick auf das Thema Industrie- und Logistik 4.0 kurz zu erklären, natürlich ohne dabei zu tief in den Kosmos der theoretische Informatik vorzustoßen. Einfach ausgedrückt, ist mit dem Ausdruck Big Data, auch in wortwörtlicher Hinsicht, nicht mehr als eine umfangreiche, je nach Herkunft, Qualität und Art spezifisch einzuordnende Datenmenge gemeint. Unterschieden werden hierbei vor allem die jeweiligen Wirtschaftssektoren oder Forschungsbereiche, in denen die Daten erhoben oder gesammelt werden, sowie in welcher Form sich die entsprechenden Inhaber der Daten dessen Inhalte unter Zuhilfenahme von Big-Data-Anwendungen zunutze machen können. Das Spektrum von Big-Data-Konzepten reicht daher von typischen Unternehmenszielen, wie beispielsweise der erweiterten Kaufverhaltensforschung oder der Optimierung von Produktionsplanungsprozessen, über wissenschaftliche Anwendungen, wie der Vorhersage demographischer Entwicklungen, bis hin zu militärischen Einsatzbereichen in der Terrorbekämpfung.[27] Der große Unterschied zu regulären Business-Intelligence-Lösungen oder ERP- und Datenbanksystemen, welche in der Regel mit manuell vorselektierten, zielorientiert angelegten Datensätze gespeist werden, liegt bei Big Data-Anwendungen dabei im informationstechnischen Zustand der zu analysierenden Dateien und auch

---

[25] Vgl. Heinze, R., ETZ 2014, S. 24-26.
[26] Vgl. Kroker, M., IT-Trends, 2017.
[27] Vgl. Bendel, O., Big Data.

in deren schierer Masse, da diese Konzepte versuchen alle verfügbaren Rohdaten eines Netzwerkes, unabhängig von Formaten oder Art der Systemschnittstellen zu erfassen, anschließend unter Verwendung komplexer Algorithmen zu analysieren und die dadurch gewonnenen Informationen zur zielgerichteten Nutzung im richtigen Unternehmensumfeld bereitzustellen.[28] Das Erreichen von möglichst hoher Effizienz bei diesen Big Data Mining- oder Big Data-Analyst-Konzepten ist für den erfolgreichen Einsatz der in Punkt 2.3 beschriebenen CPS maßgeblicher Faktor. Denn ohne einen schnellstmöglichen Austausch sowie die zielführende Analyse der gigantischen Mengen an erzeugten Echtzeit-Sensordaten wäre ein intelligentes System, wie beispielsweise eine teilautomatisiertes Warenlager mit mehreren komplexen Robotik-Lösungen im Verbund mit menschlichen Arbeitskräften, logischerweise weder leistungs- oder überhaupt einsatzfähig. Deshalb rücken mittlerweile, gerade im Hinblick auf die jüngste ökonomische Digitalisierungswelle, getrieben vom unternehmerischen Streben nach immer intelligenteren, stärker überbetrieblich vernetzten Vertriebs-, Produktions- und Logistiklösungen auf Basis der CPS und der damit verbundenen exponentiell wachsenden Datenmenge, auch immer mehr Begriffe wie das „machine learning" als Teil der „Data Science"-Idee in den Fokus der Anwender, welche das zugegebenermaßen langsam in die die Jahre gekommene Big Data Mining wohl langfristig ersetzen werden.[29] Natürlich handelt es sich bei allen Anwendungsmöglichkeiten und Erweiterungen in der zukünftigen Entwicklung von Big-Data-Konzepten, wie auch bei denen der CPS um eine stetig wachsende Herausforderung auf hard- und softwaretechnischer Ebene, denn auch Aspekte wie Datenschutz und Sicherheit haben in einer globalisierten Welt, gerade für die mächtigen Technologiekonzerne einen immensen Stellenwert, welcher nur noch weiter zunehmen wird, allein aufgrund der sich jährlich verdoppelnden Datenmenge und dem damit verbundenen Versuch, die bis dato noch recht niedrige prozentuale Nutzung der Datenberge in den nächsten Jahren deutlich zu erhöhen.[30]

2.5 Logistik 4.0

Mit Hinblick auf die bereits thematisierten Fachbegriffe, deren Erklärung und dem somit erfolgreich geschaffenen Gesamtüberblick über die aktuelle Debatte sowie die Charakteristika der Digitalisierung wird mit diesem letzten Gliederungspunkt

---

[28] Vgl. Plattner, H., Big Data, 2017.
[29] Vgl. Andelfinger, V./Hänisch, T., cyber-physische Systeme, 2017, S. 10-11.
[30] Vgl. Lorenzen, M., Datenwust, 2012.

des zweiten Abschnitts endlich der essentielle Kern dieser Thesis angesprochen. Doch bevor es im weiteren Verlauf daran geht reale Technologien, Anwendungsbereiche und Beispiele zu beschreiben, muss selbstverständlich auch beim Themenkomplex Logistik 4.0 und der damit verbundenen digitalisierten Supply-Chain im Vorhinein ein theoretischer Umriss zu Aufklärung erfolgen. Die Kernfrage zum Denkanstoß über die Gesamtthematik ist schnell formuliert: Wie kann man Logistik 4.0 definieren und wo liegt der eigentliche der Zusammenhang zur Industrie 4.0? Letzteres ist schnell erklärt und bedarf für ein logisches Verständnis nicht einmal dem jeweilig zugehörigen Wortzusatz 4.0, denn die Logistik und ihre junge Historie, also ihre Entwicklung vom klassischen TUL-Charakter über die Koordinations- und Flow-Logistik bis hin zum wertschöpfungsorientierten modernen SCM-Gedanken, geht nüchtern betrachtet immer direkt mit der fortlaufenden Technisierung und zunehmenden Komplexität der produzierenden Industrie einher, wie es bereits in Punkt 2.2 erläutert wurde.[31] Sinngemäß resultiert diese natürliche Verzahnung beider Bereiche als Folge der abgeleiteten industriellen Nachfrage nach Logistikleistung in der logischen Tatsache, dass Bestrebungen zur Schaffung von intelligenten Industrie 4.0-Modellen wie der beschriebenen Smart Factory, auch immer die Anforderung nach intelligenten, hochspezialisierten Logistiklösungen, also Logistik 4.0-Konzepten, nach sich zieht. Diese erste Antwort ist womöglich vor dem Hintergrund eines theoretisches Szenarios noch einleuchtender, denn wie könnte beispielsweise eine hochautomatisierte intelligente Produktion in Verbindung mit einer völlig veralteten, analogen Logistikumgebung mit hunderten manuellen Schnittstellen überhaupt eine Steigerung der Produktivität bewirken? Natürlich keine, denn die beschriebenen technischen und prozessualen Diskrepanzen innerhalb dieser Logistikinfrastruktur würden in der Gesamtrechnung wohl alle Vorteile der geschaffenen „smarten" Produktion annullieren, da diese als wichtigstes Glied im gesamten Wertschöpfungsprozess technologisch völlig isoliert auftreten würde, das Konzept einer smarten Fabrik wäre so unmöglich zielführend und umsetzbar.[32;33] Man könnte vor diesem Hintergrund wohl von einer Wechselwirkung oder gegenseitigen Abhängigkeit der technischen Innovationen und Lösungen auf unternehmensübergreifender Ebene sprechen, was auch in der folgenden Definition von Logistik 4.0 verdeutlicht wird, um an dieser Stelle wieder auf den ersten

---

[31] Vgl. Voß, P., Horizontale Supply-Chain, 2008, S. 28.

[32] Vgl. Bousonville, T., Digitale Transformation, 2017, S. 13-14.

[33] Vgl. Bundesverband deutscher Industrie, Perspektiven für die Logistik, 2017, S. 6-8.

Teil der aufgestellten Kernfrage dieses Gliederungspunktes zurückzukommen: Unter Logistik 4.0 sind sämtliche Einflüsse der Digitalisierung und die damit verbundenen unmittelbar notwendigen technologischen Maßnahmen zur erfolgreichen Umsetzung der fortschreitenden vertikalen und horizontalen Vernetzung von Wertschöpfungsumgebungen durch Industrie 4.0-Konzepte innerhalb einer unternehmensübergreifenden Supply-Chain, also über alle beteiligten lager-, transport-, beschaffungs-, produktions-, entsorgungs- und informationslogistischen Strukturen, zu verstehen. Auf Grundlage einer vollständig transparent vernetzten, dezentral gesteuerten Wertschöpfungs- und Versorgungskette, erneut basierend auf dem massiven Einsatz von intelligenten CPS und Big-Data-gestützten Prozessen, soll mit der Umsetzung der Logistik 4.0-Leitidee ein vollkommen digitales SCM mit dem wiederum klassischen Ziel der maximalen Effizienz- und Effektivitätssteigerung erreicht werden.[34;35] Die Parallelen zur Umsetzung der Industrie 4.0-Idee sind zugegebenermaßen auffällig, denn auch in der Logistik 4.0-Theorie wird die gesamte physische Umgebung „smart", also intelligent vernetzt, zum Beispiel in Form autonomer Fördertechnik, in der wieder Sensorik, Konnektivität, Automatisierung, Echtzeit-Daten und Flexibilität für maßgebliche Erfolgsfaktoren in der möglichen Anwendung stehen.[36;37] Es benötigt jedoch nicht ausschließlich explizites theoretisches Wissen um die Industrie 4.0, in der selbstverständlich die zunehmende Komplexität in der Anforderung an eine smarte Produktion als klarer Haupttreiber für die Forderung nach ebenso intelligenter Logistik steht, um sich die Bedeutung und Notwendigkeit von Logistik 4.0 vor Augen zu führen, denn allein ein aufmerksamer Blick auf den täglichen Straßenverkehr, auf Gewerbeflächen in Ballungsräumen und vor allem in den eigenen persönlichen virtuellen Warenkorb auf Handelsplattformen im Internet sollte mehr als ausreichen: Der unaufhaltsam wachsende elektronische Internet-Versandhandel, der E-Commerce, verändert den Konsum und damit die Anforderungen an logistische Dienstleistungen von Grund auf, denn jede Art von Waren, vom schweren Haushaltsgerät bis hin zur Tiefkühlkost, soll im Idealfall jederzeit in jeder erdenklichen Menge bestellbar und in kürzester Zeit, möglichst noch am selben Tag, direkt zum Abnehmer an die Haustüre geliefert werden,

---

[34] Vgl. Oeser, G., Logistik 4.0.

[35] Vgl. Bundesverband Informationswirtschaft, Telekommunikation und neue Medien e.V., Digitale Supply Chain, 2014, S. 4-7.

[36] Vgl. Bousonville, T., Digitale Transformation, 2017, S. 5-7.

[37] Vgl. Bauernhansl, T./Ten Hompel, M./Vogel-Heuser, B., Industrie 4.0, 2014, S. 616-618.

selbstverständlich frei Haus.[38] Die Folgen sind bekannt: KEP-Dienstleister sind mit den bekannten gelben, braunen oder weißen Transportfahrzeugen im Dauereinsatz und quasi über Nacht entstehen stetig neue Logistikzentren, alles im Dienste des Kunden, Tendenz steigend.[39] Nun gilt es, zur Schaffung eines realen Logistik 4.0–Ansatzes, alle steigenden Herausforderungen an die Supply-Chain seitens der beteiligten Glieder, also alle eingebundenen Lieferanten, Endverbraucher, produzierende Industriesektoren und natürlich die gesamten Logistikstruktur, den LDL's, Spediteuren, Frachtführern, Lagerbetreibern, bei möglichst niedrigen Kosten und maximal effizientem Ressourcen-, Technologie und vor allem Personaleinsatz zu bewältigen.[40;41] Mit dieser kompakten Formulierung der neuen Branchenanforderungen endet an dieser Stelle der begriffserklärende erste Abschnitt der Thesis, denn wie genau der Mensch und die CPS zur Erfüllung dieser Anforderungen aktuell und zukünftig eingesetzt werden, sei es kooperativ oder autonom, behandeln im direkten Anschluss die Gliederungspunkte 3. und 4. Weitere Details zur Entwicklung der Logistik und zur aktuellen Entwicklung im KEP-Sektor finden sich im Anhang.

---

[38] Vgl. Bundesverband Paket und Expresslogistik, KEP-Studie, 2017, S. 38-41.
[39] Vgl. o.V., Online-Warenhandel wächst, 2018.
[40] Vgl. Schulte, C., Optimierung der Supply-Chain, 2016, S. 695-698.
[41] Vgl. AXIT GmbH, Logistik 4.0, 2016, S. 4-6.

3 Logistik 4.0 als Branchentreiber

3.1 Veränderung von Arbeitsabläufen und Prozessen

Nach den vielschichtigen und teils stark allgemein gehaltenen Erläuterungen zum Wesen der Digitalisierung selbst, liegt ab diesem Abschnitt der Fokus des gesamten weiteren Inhalts dieser Thesis ausschließlich auf der Behandlung von einschlägigen Konzepten oder Anwendungsfeldern im Bereich des Logistik- und Transportsektors. Wurden in diesem Kontext zwar bereits Kerninhalte zur Logistik 4.0 abgehandelt, geht es ab diesem Punkt vor allem um die Klärung der übergeordneten Fragestellung der Arbeit, wie Mensch und Maschine zukünftig in diesem neuartigen Paradigma zusammenarbeiten werden, sollen oder gar können. Spätestens an letzterer Formulierung, aber auch in Teilen den Begriffserklärungen in Abschnitt 2., lässt sich bereits erahnen, dass die theoretische Entwicklung in logistischen Zukunftsszenarien auf maximal automatisierte Prozesse abzielt, in diesem Abschnitt liegt das Augenmerk jedoch auf dem realen Wandel von menschlichen Arbeitsumgebungen unter dem Einfluss des Einsatzes von cyber-physischen Systemen in verschiedenen Entwicklungsstadien.[42] Einleitend ist trotzdem anzumerken, dass der individuelle Grad im digitalen Wandel von traditionellen Arbeitsplätzen und Tätigkeiten stark vom jeweiligen Entwicklungsstand der eingesetzten Technologie abhängig ist, das heißt im Klartext: Je fortschrittlicher und intelligenter die im Verbund mit den menschlichen Arbeitskräften eingesetzten CPS sind, desto höher fällt auch der Grad der Automatisierung aus. Ein weiterer, gerade im Bereich Logistik höchst relevanter Einflussfaktor ist in diesem Zusammenhang natürlich auch der geistige und körperliche Anspruch des Arbeitsinhalts, denn je simpler oder routinierter die einzelnen Arbeitsschritte ausfallen, desto leichter gestaltet sich deren Teilautomatisierung.[43] In Folge dieses logischen Umstands beziehen sich auch die meisten aktuellen Anwendungsfälle in der schrittweisen Implementierung von Logistik 4.0-Technologien eher auf die operativen, als auf die administrativen, kaufmännischen oder strategisch geprägten Arbeitsplätze innerhalb der diversen Logistiksparten. Typische Vertreter für diese operativen Bereiche sind Fachlageristen, Kommissionier- und Hilfskräfte aber auch Fahrpersonal jeder Art, sei es für Flurförder-, Transport- oder Zustellfahrzeuge, wobei hier noch einmal besonders zwischen Berufskraftfahrern und Paketzustellern unterschieden werden muss,

---

[42] Vgl. Andelfinger, V./Hänisch, T., cyber-physische Systeme, 2017, S. 4.
[43] Vgl. Nissen, R., Digitalisierung und Arbeit 4.0.

einfach aufgrund der hohen Diskrepanzen in den zu digitalisierenden Arbeitsgängen. Für die folgenden spezifischen Betrachtungen von Logistik 4.0-Konzepten innerhalb dieser Thesis ist dieser Querschnitt an Berufsgruppen optimal, da so fast alle typischen Wirkungsfelder abgedeckt werden, sei es die Distributions-, Produktions-, Beschaffungs- oder Transportlogistik, da die anfallenden Tätigkeitsfelder wie beispielsweise Lagerung, Kommissionierung oder Transport hier überall zentrale Rollen einnehmen.[44] Vor dem gezeichneten Hintergrund liegt es durchaus nahe zu argumentieren, dass es hier in vielen Bereichen bereits seit geraumer Zeit zum Einsatz digitaler Technologien kommt, beispielsweise in Form von „Handhelds", also Scannern oder Tablets zur Lagerverwaltung. Jedoch ist sofort anzumerken, dass es sich hierbei nicht um intelligente CPS im Sinne der Logistik 4.0 handelt, eher um eine digitale Vorstufe ohne kooperative Vernetzung. Doch wie wird letzteres endlich erreicht, wie wird Logistik 4.0 endlich für den menschlichen Mitarbeiter greif- und nutzbar? Die Antwort liegt in der Schaffung einer gemeinsamen Schnittstelle zwischen Mensch, den CPS und der Plattform: Der multimodalen Mensch-Maschine-Schnittstelle. Diese Schnittstellen vernetzen somit die biologischen, mechanischen und übergeordnet virtuellen Komponenten zu einer wertschöpfenden logistischen Einheit. Der Mensch, nun ein Teil des IoT, steuert das System interaktiv oder klassisch physikalisch, entweder über Eingabe- bzw. Bedienfelder, aber auch per Gesten- und Sprachsteuerung bis hin zu autonomer Steuerung.[45] Mit Schaffung dieser Grundvoraussetzung kann nun unter Berücksichtigung des bereits definierten Technologiegrads der eingebundenen CPS eine grobe Unterteilung im Wandel von typischen operativ-logistischen Arbeitsumgebungen erfolgen: Anfänglich unterstützt das CPS als passives Assistenzsystem die menschliche Arbeitskraft zunächst durch die visuelle Bereitstellung von eigens sowie im Verbund mit anderen CPS und der übergeordneten Plattform generierten Informationen, welche bei der Bereitstellung durch das System bereits soweit analysiert und „veredelt" sind, dass sie den folgenden Arbeitsgang effektiv erleichtern und beschleunigen, ohne den Arbeiter zu verwirren oder durch Ausgabe einer zu großen Informationsmasse zu überfordern. In der Praxis finden sich Systemlösungen dieser Art vor allem in den Bereichen Lagerhaltung und Kommissionierung, beispielsweise durch den Einsatz von Datenbrillen, auf deren Technik und Einsatzmöglichkeiten

---

[44]   Vgl. Straub, N./Kaczmarek S./Hegmanns, T./Niehues, S., I40 2017, S. 48-49.

[45]   Vgl. Bauernhansl, T./Ten Hompel, M./Vogel-Heuser, B., Industrie 4.0, 2014, S. 24.

im Abschnitt 4.1 dieser Arbeit noch einmal im besonderen Maße eingegangen wird.[46] In der nächsten Stufe kooperiert das CPS bereits mechanisch mit dem Mensch, durch den aktiven Einsatz intelligenter Sensorik entlastet das System in Form einer Robotik-Anwendung den Werker nicht nur mental, sondern auch körperlich, indem es beispielsweise anstrengende Arbeitsgänge wie das Anheben oder Anreichen von Gegenständen übernimmt. Hier kommt es erstmalig zur direkten physischen Mensch-Roboter-Kollaboration mit diversen realen Anwendungsansätzen, vor allem zur Schaffung verbesserter ergonomischer Arbeitsbedingungen, beispielsweise beim Handling schwerer Güter innerhalb von Intralogistikprozessen.[47;48] Auch diese direkten Mensch-Roboter-Kollaborationen, kurz MRK, werden in zum späteren Zeitpunkt noch einmal genauer thematisiert. Die letzte Stufe ist logischerweise die endgültige vollständige Automatisierung der Logistikprozesse, der Arbeiter gibt die physisch auszuführenden Tätigkeiten vollständig an die CPS ab, er selbst wird somit zum „augmented operator", der ausschließlich als entscheidende und überwachende Komponente im Verbund mit den ab diesem Punkt fast vollständig autonom arbeitenden Systemen auftritt. Eine Folge dieser letzten Entwicklung wäre wiederum das bereits erwähnte „System der Systeme", ein Logistikkonzept ohne Mensch. Hierzu findet sich selbstverständlich noch ein Ausblick im fünften Abschnitt der Thesis.[49] Abgeleitet von dieser stufenweisen Struktur im Wandel von Arbeitsabläufen bei der angewandten Logistik 4.0-Konzeption wird im folgenden Textverlauf nun noch die Notwendigkeit dieser Technologien für die gesamte Branche, sowie ein breites Spektrum an aktuellen Anwendungs- und Forschungstrends in den verschiedensten Bereichen der Logistikwirtschaft aufgezeigt.

3.2 Herausforderungen für Unternehmen und Personal

Die Globalisierung des Handels, die Digitalisierung, das IoT und somit die 4.0-Theorien verändern alle klassischen Wirtschaftsbereiche, allen voran Produktions- und Fertigungszweige, könnte man meinen. Dennoch sind auch Logistikunternehmen im besonderen Maße an der Anwendung und Entwicklung moderner,

---

[46]   Vgl. Kasselmann, S./Willeke, S., Assistenzsysteme, 2016, S. 5-11.

[47]   Vgl. Kirisci, P./Pannek, J./Ghrairi, Z./Thoben, K./Lawo, M., Mensch-Roboter-Kollaboration, 2015.

[48]   Vgl. Molzow-Voit, F./Quandt, M./Freitag, M./Spöttl, G., Robotik in der Logistik, 2016, S. 32-34.

[49]   Vgl. Bauernhansl, T./Ten Hompel, M./Vogel-Heuser, B., Industrie 4.0, 2014, S. 21-22.

disruptiver 4.0-Technologien interessiert.[50] Im Folgenden werden daher die treibenden Ursachen, Potenziale und Anforderungen sowie die besondere Notwendigkeit des digitalen Wandels in der Logistikbranche behandelt. Maximale unternehmensübergreifende Transparenz, Konnektivität, Echtzeitfähigkeit, Dezentralität sowie hoher Servicegrad und Reaktionsschnelligkeit innerhalb einer digitalen Supply-Chain sind die Erfolgsfaktoren für die erfolgreiche Implementierung der Logistik 4.0 und damit verbunden natürlich auch der Industrie 4.0-Konzeption, welche ja bekanntlich als Antwort auf die steigende Komplexität der Produktion entstand.[51] Daraus entstehen zwangsläufig die neuen Kerntrends in der Logistikbranche, welche neben typischen Potenzialen, wie der massiv ansteigenden Nachfrage nach individualisierter schlüsselfertiger Logistikdienstleistung und dem kontinuierlichen Streben nach Prozessautomatisierung durch Digitalisierung, auch durch daraus resultierende Risiken und Herausforderungen wie den klassischen Kostendruck oder auch den akuten Personal- sowie Kapazitätsmangel geprägt sind, um an dieser Stelle nur einen Ausschnitt der wichtigsten Treiber aufzuzeigen.[52] Ein kurzer Exkurs in die Welt der Zahlen bekräftigt die genannten Aspekte: Laut Studie sehen über 70 Prozent der deutschen Unternehmen im digitalen Wandel der Logistikleistung hohes Potenzial zur Kostensenkung oder Gewinnsteigerung, obwohl gleichzeitig über ein Drittel gleichwohl das Risikopotenzial als sehr hoch einschätzen. Die Fähigkeit, sich durch die erfolgreiche Nutzung moderner Technologien der neuen wirtschaftlichen Nachfrageorientierung durch den Endkunden anzupassen, gilt hier als zwar als wichtigster strategischer Lösungsansatz, überraschenderweise ist die allgemeine Zurückhaltung bei der Einführung solcher Systemlösungen trotz deren Relevanz ungemein hoch.[53] Um die Hemmnisse oder das Zögern dieser Unternehmen besser nachvollziehen zu können, folgt zunächst eine präzisere Betrachtung der wichtigsten Herausforderungen. Wie bereits in Punkt 2.5 angedeutet, steht der zunehmende E-Commerce, auf Basis hochkomplexer datenverarbeitender Plattformen durch Digitalunternehmen wie dem US-amerikanischen Branchenprimus Amazon oder dem deutschen Modeversandhändler Zalando, mit seinem Anspruch nach maximal effizienter Logistik im Sinne der Endkundenausrichtung gleichbedeutend für den digitalen Wandel und dadurch

---

[50] Vgl. Bundesvereinigung Logistik, Trends und Strategien, 2017, S. 8.

[51] Vgl. Werneke, M., Logistik von morgen gestalten, 2018.

[52] Vgl. Grünrock-Kern, U., 15 Trends, 2017.

[53] Vgl. Bundesvereinigung Logistik, Trends und Strategien, 2017, S. 12.

entstehende Risiken.[54] Der erste in diesem Zusammenhang zu nennende Aspekt ist natürlich die massive Zunahme des Paketsendungsvolumens, welche mittlerweile als so kritisch eingestuft wird, dass von einem regelrechten „Paketinfarkt" gesprochen wird. Dieser pathetische Begriff rührt sowohl rein statistisch von der Überschreitung des Paketvolumens von drei Milliarden Sendungen in 2016 und der Prognose auf über vier Milliarden Sendungen in 2021, als auch betriebswirtschaftlich von den sich immer gravierender auswirkenden Mängeln in den Arbeitsumgebungen der beteiligten Kräfte bei gleichzeitig steigenden Anforderungsgrad der Kunden her. Das explosionsartige Wachstum von Paketsendungen bringt die klassischen Supply-Chain an ihre Grenzen, denn die beteiligten Logistikanteile können allein in der Hinsicht auf ihre verfügbaren Kapazitäten die geforderten Geschwindigkeiten nicht mitgehen. Primär in der Lager-, Transport- und Zustelllogistik sind die Herausforderungen deutlich spürbar, denn es mangelt an allem: Es fehlen Fachkräfte, Distributionszentren sowie nutzbare moderne Verkehrsinfrastruktur und schlussendlich auch immer Kapitalmittel, dem steigenden Kostendruck geschuldet. Hier wird die Notwendigkeit von technischen Modernisierungen im Sinne von Logistik 4.0 besonders deutlich, da immer komplexere Forderungen wie der „Same-Day-Delivery" in Zeiten von akutem Fahrermangel und überfüllten Innenstädten bei zusätzlichen Auftragsspitzen an Feiertagen von 20 - 50% nicht effektiv abgebildet werden können.[55;56] Der moderne, durch Algorithmen und Daten bestimmte, digitale Konsum trifft oft auf analoge oder veraltete Logistik und Transportlösungen sowie härteste Arbeitsbedingungen auf der letzten Meile. Die folgende Aufstellung zeigt Arbeitsgebiete und Berufsfelder in denen der zunehmende Einsatz von digital unterstützenden, oder automatisierenden Lösungen auf Basis von CPS gewünscht und notwendig wird:

- Berufskraftfahrer: Ein Klassiker, denn in der Transportlogistik fehlen allein in Deutschland seit Jahren über 45.000 qualifizierte LKW-Fahrer, da der Nachwuchs trotz steigendem Lohnniveau ausbleibt. Die meistgenannten Ursachen des Fahrermangels sind unattraktive Arbeitsbedingungen, das schlechte Image des Berufs sowie die mangelnde Qualifikation von Bewerbern.[57]

---

54   Vgl. Arnold-Rothmeier, H., ifo 2016, S. 32.
55   Vgl. Goebel, J./Tyborski, R., WiWo 2017, S. 20-21.
56   Vgl. Bundesverband Paket und Expresslogistik, KEP-Studie, 2017, S. 13-14.
57   Vgl. Birger, N., Der Arbeitsmarkt ist leergefegt, 2017.

- Paketzusteller: Der Siegeszug des E-Commerce fordert seinen Tribut, denn harte bis härteste körperliche Arbeitsbedingungen bei gleichzeitig hohem Leistungs- und Termindruck sowie auch flächendeckendes massives Preisdumping durch den Einsatz von Sub- oder Sub-Subunternehmernetzwerken machen den Berufszweig des Paketzustellers zu einem der unattraktivsten Arbeitsplätze Deutschlands. Der Mangel ist daher gravierend: Allein den großen KEP-Dienstleistern fehlten zu Jahresende 2017 deutschlandweit über 5300 Paketboten.[58;59]

- Lagermitarbeiter:Seien es Fachkräfte oder ungelernte Hilfskräfte, dank Just-In-Time-Konzepten und Paketboom fehlt es vor allem in der operativen Lagerwirtschaft und Intralogistik vermehrt an personeller Kapazität. Aufgrund des Trends hin zu kleineren Beständen bei gleichzeitig hoher Artikelvielfalt gepaart mit einer steigenden Anzahl von Ein- und Auslagerungen bei niedrigem Qualifikations- und Lohnniveau, ist der Fachkräftemangel laut Studie hier ähnlich akut wie im Transportsektor.[60] Verstärkend wirken auch hier die teilweise streng überwachten, monotonen Arbeitsbedingungen im Bereich Kommissionierung, für welche besonders der Versandriese Amazon öffentlich kritisiert wird.[61]

- Kontraktlogistik: Die Nachfrage nach schlüsselfertigen komplexen Logistikdienstleistungen auf Tenderbasis ist bei Industrie und Handel ungebrochen hoch. Vermeintlich ebenso hoch wie das damit verbundene Marktpotenzial sind die personellen Anforderungen an die ausführenden Dienstleister, denn diese müssen kostendeckend eine in der Komplexität stark variierende Verkettung von logistiküblichen, aber auch unüblichen Tätigkeiten, wie beispielsweise Vormontagevorgänge, kostendeckend und flexibel anbieten. Die Problematiken der bereits aufgezählten klassischen Berufsbilder treten hier also nochmal verstärkt im Verbund mit operativen Tätigkeiten des produzierenden Gewerbes auf. Die geforderte Qualität der Leistung mit ausreichenden personellen Kapazitäten auftragsgerecht zu erbringen

---

[58] Vgl. Kläsgen, M./Öchsner, T., Mitarbeiter ausbeuten, 2017.

[59] Vgl. o.V., 5300 Zusteller zu wenig, 2017 .

[60] Vgl. Bundesvereinigung Logistik, Fachkräftemangel in der Logistik, 2017, S. 1-2.

[61] Vgl. Hagelüken, A./Ratzesberger, P./Hulverscheidt, C., wenn Arbeit alles ist, 2015.

stellt daher gerade in der Kontraktlogistik eine Mammutaufgabe dar.[62] Vor allem die mangelnde branchenübergreifende Angleichung von Logistikverträgen an die geltenden Industrietarife, trotz der vermehrten Ausführung von Tätigkeiten im gleichen Arbeitsumfeld, gilt als abschreckend und fördert somit zusätzlich das negative Image und Berufsbild der operativen Logistik.[63]

Obwohl diese Aufzählung sicherlich noch in großem Umfang erweitert oder im Detail ergänzt werden könnte, zeigt sie jedoch unmissverständlich auf, dass die Forderung nach Logistik 4.0, dem Einsatz disruptiver Technik und die Beantwortung der zentralen Frage „Wie arbeiten Mensch und Maschine in Zukunft zusammen?" nicht nur eine notwendige markt- und branchengetriebene Entwicklung, sondern auch ein beschäftigungspolitische und soziale Umwälzung einläutet: Allein auf die aufgezählten operativ-logistischen Tätigkeiten entfiel 2015 ca. 79% der Gesamtbeschäftigung in der Logistikbranche. Infolgedessen wird die zwangsläufig zunehmende Digitalisierung und Automatisierung die Tätigkeiten von mindestens 2,24 Millionen Beschäftigten direkt beeinflussen und verändern.[64] Der Vollständigkeit halber ist final nochmals anzumerken, dass sich die in dieser Arbeit vorgestellten Technologien primär auf die operative Tätigkeitsebene begrenzen, im Allgemeinen werden diese beschriebenen mittel- bis kurzfristigen Auswirkungen aber selbstverständlich auch die Arbeitsinhalte des kaufmännischen und administrativen Personals beeinflussen und verändern.[65] Einen allgemeinen Gesamtüberblick über entsprechend aktuelle cyber-physische Technologien und Entwicklungen, typische mit den Lösungen verbundene unternehmerische Hemmnisse und Bedenken bei der realen Einführung, aber auch die erwiesenen Vorteile von bereits im Einsatz befindlichen Systemen thematisiert in diesem Zusammenhang der nächste Gliederungspunkt. Details zur allgemeinen Beschäftigung in der Logistik finden sich wie gewohnt im Anhang.

---

[62] Vgl. Buck, M./Wrobel, H., Branchenanalyse Kontraktlogistik, 2015, S. 19-22.

[63] Vgl. Specht, F., Häuserkampf, 2017.

[64] Vgl. Kübler, A./Distel, S./Veres-Hom, U., Logistikbeschäftigung, 2015, S. 6.

[65] Vgl. Afsoui, L., Arbeit in der Logistik 4.0, 2017.

3.3 Übersicht aktueller technischer Anwendungen

In diesem mit Abstand umfangreichsten Abschnitt der Thesis wird wie angekündigt ein breitgefächertes Spektrum hochinnovativer, intelligenter Logistik 4.0-Technologien aus den wichtigsten logistischen Anwendungsbereichen an realen Beispielen vorgestellt, kompakt erklärt und falls möglich, hinsichtlich ihrer individuellen praktischen Effizienz analysiert. Einige ausgewählte, in der aktuellen öffentlichen Fachdiskussion besonders intensiv thematisierte Technologien werden dabei nur sehr kurz ausgeführt, da diese im Folgekapitel in einer detaillierten Einzelbetrachtung nochmals aufgegriffen werden. Ausgenommen sind des Weiteren reine ERP- oder Softwareanwendungen ohne intelligente physische Schnittstelle, aber auch einfache Identifikationstechnologien wie der bereits in Punkt 3.1 erwähnte RFID-Tag. Die Aufstellung beginnt in der Distributionslogistik, genauer auf der problematischen letzten Meile, denn bei der Betrachtung einer klassischen Supply-Chain vom „Sand zur Senke", liegen wie in Punkt 3.2. und 3.1. schon mehrfach erwähnt, in diesem Segment die größten Herausforderungen und qualitativen Anforderungen an die beteiligten Unternehmen. In Zeiten des massiv zunehmenden Güterstruktureffekts sind gerade KEP-Dienstleister besonders an der Einführung von innovativen Technologien interessiert, denn wer sich hier durchsetzt, dominiert den Markt. Um sowohl in urbanen als auch in schwer zugänglichen Regionen zielsicher Pakete jeder Art pünktlich, kostengünstig und ohne Beanstandungen zuzustellen, existieren diverse Pilotprojekte und Studien.[66;67] Die wohl populärste Entwicklung ist hier vermutlich die Paketdrohne, ein autonom oder ferngesteuert agierendes, meist elektrisch angetriebenes unbemanntes Fluggerät mit Transportaufgabe. Moderne Transportdrohnen basieren auf dem technischen Grundgerüst der für zivilen Drohnen typischen Quadrocopter-Bauweise, deren Akkumulatorleistung je nach Ausführung Fluggeschwindigkeiten von bis zu 100 km/h, mit einer gleichzeitigen Tragfähigkeit von bis 2,5 Kilogramm ermöglichen. Diese Werte offenbaren bereits die gravierenden Nachteile des Konzepts Transportdrohne, denn gerade die geringe maximale Nutzlast bei gleichzeitig hohem Energieverbrauch schränkt die derzeitigen Einsatzmöglichkeiten auf der letzten Meile erheblich ein. Aufgrund der technischen Nachteile, mangelnder nutzbarer Infrastruktur, fehlenden Möglichkeiten zur physischen Zustellung beim Endkunden, Sicherheitsbedenken und diversen rechtlichen Barrieren wird daher nicht mit einer flächen-

---

[66] Vgl. Vehlow, S., Letze Meile, 2017.
[67] Vgl. o.V., Städte in Not, 2018.

deckenden drohnengestützten Zustellung vor 2030 gerechnet, obwohl die aktuelle Experimentierfreude von Unternehmen wie der deutschen DHL ungebrochen hoch scheint, wie ein aktuelles Testkonzept für den Expressversand eiliger Pharmazeutika per Drohne an schwer erreichbare Regionen wie Inseln und Bergregionen eindrucksvoll beweist.[68;69] Wenn also eine Zustellung zu Luft oder zu Wasser mittelfristig keine Optionen für eine effektive Zustelllogistik auf der letzten Meile darstellen, richtet sich daher ein weiteres innovatives Konzept auf die klassische Zustellung auf der Straße: Der Zustellroboter. Es war ein mutiges und aufsehenerregendes Projekt der Hermes-Unternehmensgruppe 2016 mit dem „Starship" in Hamburg den ersten Pilot zur Erprobung autonomer Paketroboter in urbanen Räumen zu starten.[70] Der vom gleichnamigen US-amerikanischen Technologieunternehmen „Starship industries" entwickelte Roboter ist nicht nur der Branchenpionier schlechthin, sondern auch ein Paradebeispiel für ein cyber-physisches System im Sinne der Logistik 4.0: Durch kabellose Anbindung an die Betreiberplattform soll der kompakte sechsrädrige elektrisch betriebene Roboter voll autonom Pakete im Gesamtgewicht von bis zu 15 kg selbst durch dicht besiedelte Regionen mit hohem Sendungsvolumen und Verkehrsaufkommen zielsicher befördern. Mithilfe von intelligenter Sensorik und diversen Kameras navigiert das System selbstständig auf befestigten Gehwegen und umfährt somit im Optimalfall alle aufkommenden Hindernisse, obwohl es zur Sicherheit natürlich immer dezentral von einem menschlichen Mitarbeiter, der die Aufsicht über bis zu 100 Starships innehat, überwacht wird, welcher im Falle einer plötzlichen Störung oder Blockade eine manuelle Steuerung im Fernzugriff durchführen kann. Die Zustellung erfolgt übrigens durch eine ähnliche multimodale Mensch-Maschine-Schnittstelle: Der Paketroboter kommuniziert bei Ankunft am Ziel direkt über eine Handy-Applikation mit dem Warenempfänger, beispielsweise per E-Mail oder SMS. Was theoretisch nach einem technischen Durchbruch klingt, steckt praktisch noch in den Kinderschuhen, denn ähnlich wie bei der Paketdrohne stehen bei weitem noch zu viele Faktoren, in diesem Falle ganz besonders die unkalkulierbar hohe Anzahl möglicherweise auftretender räumlicher Hindernisse wie Treppen oder Unebenheiten, aber auch massive Sicherheitsbedenken, gegen einen großflächigen kurz- oder mittelfristigen Einsatz

---

[68]   Vgl. Clausen, U./Stütz, S./Bernsmann, A./Heinrichmeyer, H., Die letzte Meile, 2016, S. 39-40.

[69]   Vgl. o.V., Alternative Zustellung, 2016.

[70]   Vgl. Betram, I., Hermes testet Starship-Roboter, 2016.

dieses vollautomatisierten Lösungsansatz.[71;72] Ein weiteres System zur Verbesserung der Zustellung setzt daher auf Teilautomatisierung zur Entlastung: Der „Post-BOT". Mit diesem Roboter erprobt der Logistik- und KEP-Weltmarktführer erstmals ein MRK-Konzept mit der Zielsetzung den klassischen menschlichen Zusteller durch eine intelligente Maschine, beim „PostBOT" in Form eines elektrisch betriebenen Transportwagens auf vier Rädern, direkt körperlich zu entlasten, ohne dabei die grundsätzliche Natur, die Umgebung oder die Kerntätigkeiten seines Arbeitsplatzes zu verändern. Der knapp 150 cm hohe „PostBOT" soll mit einer Nutzlast von maximal 150 Kilogramm und einer intelligenten Sensorik im ersten Einsatzstadium die bekannten gelben Handwagen der deutschen Post ersetzen, indem er dem Briefzusteller vollautomatisch folgt, aufkommende Hindernisse umfährt, auch Unebenheiten wie Treppenstufen zuverlässig meistert und natürlich im richtigen Moment anhält, damit eine orts- und zeitoptimierte manuelle Entnahme der Briefsendungen durch den Zusteller durchgeführt werden kann. Nicht nur aufgrund des im Vergleich zu vollautonomen Robotik-Systemen deutlich geringer ausfallenden technischen Komplexitätsgrades, sondern auch wegen seiner hohen Akzeptanz bei den Zustellern, die durch seinen Einsatz keine Gefahr für den eigenen Arbeitsplatz sehen, gilt der „PostBOT" derzeitig als eines der am ehesten implementierbaren CPS in der Last-Mile-Logistik.[73;74] Im Gegensatz zur problematischen letzten Meile, sind potenzielle CPS-Einsatzmöglichkeiten in der Intralogistik deutlich effektiver zu erproben oder umzusetzen, einfach den kontrollierbareren räumlichen und technischen Bedingungen oder Anforderungen geschuldet. In der Förder-, Lager- und besonders der Kommissioniertechnik kommt es daher in besonderem Maße zu Logistik 4.0-Entwicklungen und CPS-Implementierungen, deren wichtigste Vertreter, mit Ausnahme der in Kapitel 3. behandelten Virtual Reality- bzw. Augmented Reality-Anwendungen und intelligenten Lagerkomplettlösungen, im Folgenden einmal kompakt vorgestellt werden. Der Trend zur Digitalisierung in der Intralogistik beginnt schon im Kleinen und Unspektakulären, aber mit entsprechend großer Wirkung, beispielsweise mit der Einführung intelligenter Ladungsträger und Behälter. Durch die Installation drahtlos vernetzter Infrarotsensoren können mittlerweile selbst Kleinladungsträger, wie beispielsweise der Würth „iBin", selbst-

---

71 Vgl. Kannenberg, A., Starship-Lieferroboter, 2016.
72 Vgl. Clausen, U./Stütz, S./Bernsmann, A./Heinrichmeyer, H., Die letzte Meile, 2016, S. 43-44.
73 Vgl. Roodsari, A., Bot und Bote, 2017.
74 Vgl. Gehlen, G., Erster Alltagstest, 2017.

ständig Melde- und Sicherheitsbestände an ihre übergeordnete EDV-Infrastrukturen senden, welche dann wiederum abhängig vom vorhandenen Technisierungsgrad, vollkommen selbstständig oder klassisch manuell eine Wiederbeschaffung auslösen. Aufwendiges analoges Bestandsmanagement gehört somit gerade im C-Teile-Segment der Vergangenheit an.[75;76] In der Logistik 4.0-Idee kommunizieren solche smarten Ladungsträger natürlich auch mit ebenso smarten Flurförder- und Transportfahrzeugen, den meist fahrerlosen Transportsystemen und Fahrzeugen, kurz FTS bzw. FTF, im englischen auch „automated guided vehicle" , kurz AGV genannt. Natürlich sind solche Systeme schon seit Einführung vollautomatischer Hochregalläger im vermehrten Einsatz, doch die Entwicklung der modernsten cyber-physischen Transportsysteme soll im Optimalfall eine flexible, bereichs- und unternehmensübergreifende Anwendung außerhalb abgesperrter Bereiche, in sämtlichen Lagerzonen sowie in angrenzenden Produktionsumgebungen ermöglichen.[77] Das weitreichende technische Anwendungsspektrum dieser cyber-physischen Transportsysteme reicht dabei sowohl vom reinen Gütertransport oder Umschlag bis hin zu kombinierten Handling-Vorgängen auf fixen oder eigens errechneten Routen. Letztendlich ist daher auch die Gesamtkonzeption der genutzten physischen und virtuellen FTS-Komponenten immer maximal individuell auf das jeweilige Unternehmen und den damit verbundenen Anwendungszweck zugeschnitten, allein schon im Hinblick auf die unterschiedlichen branchenspezifischen Gütereigenschaften.[78] So groß wie das Spektrum an Gefahrstoffen, Gewichten, Material und Warenwert ausfällt, ist mittlerweile jedoch auch das Angebot an Systemen und Lösungen, da neben Traditionsunternehmen wie STILL, Jungheinrich und Linde in erster Linie auch Technologieunternehmen, wie die deutsche Kuka mit ihrer Tochter Swisslog, in diesem Segment um Marktanteile ringen. Entsprechend unterschiedlich fallen auch technische Daten, Design, Kosten und Integrationsfähigkeit aus: Die einfachsten Systeme, wie das manuell, per Mensch-Maschine-Schnittstelle am Tablett, oder vollautonom nutzbare Jungheinrich FTS ERC 215, ist in Sachen Aufbau, Abmessungen und Funktionsweise auf den ersten Blick kaum von einem analogen Elektrohubwagen zu unterscheiden, kann deshalb aber auch recht problemlos in bestehende logistische Strukturen integriert werden.[79] Es ist

---

[75] Vgl. Bousonville, T., Digitale Transformation, 2017, S. 35-36.

[76] Vgl. Bottler, S., Ladungsträger werden smart, 2017.

[77] Vgl. Bauernhansl, T./Ten Hompel, M./Vogel-Heuser, B., Industrie 4.0, 2014, S. 21.

[78] Vgl. Michalek, R., Fahrerlose Transportsysteme, 2017.

[79] Vgl. o.V., ERC 215, 2018.

wohl nicht schwer zu erahnen, dass diesen „simplen" aber effizienten Lösungen auf der anderen Seite schon heute diverse, auf den Einzelkunden maßgeschneiderte, prozessübergreifende Verbundlösungen, sogenannte „Smart Storages" und „Flexförderer" auf Basis ganzer Heerscharen von Robotern bzw. FTF's in verschiedensten, abstrakten Ausführungen gegenüberstehen, welche die meisten gängigen Intralogistikkonzepte mit ihren klassischen Arbeitsgängen einem radikalen Wandel unterziehen.[80] So verschieden die Systeme ausfallen, so interessant fällt auch die Antwort auf die Frage nach Anschaffungs- und Implementierungskosten aus, denn aufgrund der hohen unternehmerischen Priorität des gesamten Themas gibt es wenige verlässliche Zahlen: Der Anlagenpreis für ein einzelnes FTF wird daher mit einer Preisspanne zwischen 15.000 und 300.000 Euro beziffert.[81] Trotz der hohen technischen Diskrepanzen verbindet der Drang zur Automatisierung durch intelligente Sensorik bzw. Robotik alle möglichen Systeme in diesem Sektor, wie aber auch im verwandten Sortier- und Kommissionierbereich. In Zeiten des massiv ansteigenden KEP-Sendungsaufkommens sind Kommissionierroboter gefragter denn je, gerade bei komplexen Multi-Order-Picking-Prozessen sollen sie in direkter Kooperation mit dem Kommissionierer zusammenarbeiten. Auch in diesem Bereich variiert der Automationsgrad massiv, die Spanne reicht von vollautomatischen Kommissionierrobotern bis hin zu assistierenden intelligenten Kommissionierwagen.[82] Am Beispiel des Magazino „TORU", einem der verbreitetsten Kommissionierroboter, lässt sich die Funktionsweise des innovativen Pick-by-Robot-Konzepts optimal erklären. Zunächst zum technischen Aufbau: Der TORU ist eine Kombination aus FTF und Greifroboter, er besteht zunächst aus einem elektrisch angetriebenen Rollenchassis mit mehreren Lasersensorleisten zur Bereichserfassung sowie einem Aufbau bestehend aus einem Hub-Mast mit integriertem Handling-Greifarm und einem Wechselregal. Dank der hohen Beweglichkeit und sensorischen Sensibilität des Greifers führt der Roboter die Warenentnahme stückgenau durch, platziert sie im eigenen Regalsystem und liefert die gebündelten Picks schlussendlich auch an der nachgelagerten Arbeitsstation ab. Mit diesen technischen Eigenschaften kann der Roboter theoretisch selbst in einem klassischen Distributionslager mit einfachsten Fachbodenregalen und ungenormten Behältern in Kooperation mit

---

80   Vgl. Bauernhansl, T./Ten Hompel, M./Vogel-Heuser, B., Industrie 4.0, 2014, S. 617-618.

81   Vgl. Unruh, V., Flexibel transportieren, 2009.

82   Vgl. Walz, J., Mobile Roboter, 2017.

menschlichen Arbeitskräften eingesetzt werden. Mithilfe von gängigen Schnittstellen-Wearables wie Tabletts oder Datenbrillen kann der Mitarbeiter synchron mit der Maschine einen oder mehrere Aufträge parallel abarbeiten.[83] Den vielen Vorteilen von Pick-by-Robot-Systemen, wie der in Zeiten des Fachkräftemangels immer wichtigeren ständigen, flexiblen Einsatzbereitschaft ohne gleichzeitige fehlerfördernde Ermüdung, stehen allerdings auch wieder gravierende Nachteile entgegen. Neben hohen Anschaffungskosten ist derzeitig besonders oft mangelnde softwareseitige Präzision bei der Erkennung und dem Greifen von Waren bei großen Sortimentstiefen, wie beispielsweise im E-Commerce, einer der Kernkritikpunkte an diesen autonomen Systemen. Es ist daher auch kaum verwunderlich, dass der Anteil manueller Tätigkeiten in diesem Bereich immer noch bei knapp 90 Prozent liegt. Nichts desto trotz ist Robotik für die Intralogistik 4.0 ein absoluter Kerntreiber, steigende Einsatzmöglichkeiten durch Entwicklungsfortschritt in Steuerung und Sensorik fördern neben den bereits erwähnten Systemen auch die zunehmende Implementierung von Sortier-, Palletier- und Verpackungsrobotern.[84;85] Weg von den eher autonomen CPS richtet sich der Fokus im Folgenden auf kleinere, digitale Wearables welche mithilfe ausgefeilter Mensch-Maschine-Schnittstellen die Arbeitsabläufe des Lagerarbeiters optimieren sollen. Die Entwicklungen gehen in alle erdenklichen Richtungen, daher werden die einzelnen Systeme nur kurz umrissen: Am Anfang der Aufzählung stehen visuelle intelligente Assistenzsysteme wie Datenuhren und mobile Unterarmcomputer. Mit Hilfe dieser CPS werden dem Lagermitarbeiter unterstützende Informationen direkt auf ein Display am Handgelenk übertragen, ohne ihn dabei ergonomisch zu behindern. Gründe für die Einführung sind die einfache Implementierung, neue Möglichkeiten zu Generierung wertvoller unternehmerischer Rohdaten, beispielsweise zur Laufwegeoptimierung, sowie ein Rückgang der Fehlerquote in Arbeitsabläufen durch mentale Entlastung. Gegen die Nutzung stehen geringe Akkulaufzeiten und die empfindliche Technik. Oft werden die intelligenten Uhren mit Pick-by-Techniken kombiniert, wie beispielsweise mit der innovativen Pick-Weste, welche durch verbaute Lautsprecher die Nachteile eines Headsets in Pick-by-Voice-Konzepten, wie dem direkten Ohrenkontakt, ausgleichen soll.[86;87] Ein weiteres Assistenzsystem im ähnlichen Arbeits-

---

[83] Vgl. o.V., Magazino Toru.

[84] Vgl. Molzow-Voit, F./Quandt, M./Freitag, M./Spöttl, G., Robotik in der Logistik, 2016, S. 32-34.

[85] Vgl. o.V. Roboter-Kommissionierung, 2017.

[86] Vgl. o.V., Smart Watch, 2017.

[87] Vgl. Kasselmann, S./Willeke, S.,Assistenzsysteme, 2016, S. 15-19.

umfeld ist der intelligente Kommissionierwagen, der dem Lagermitarbeiter entweder auf Schritt und Tritt folgt, ähnlich dem Postbot, oder sich im optimalen Abstand vor ihm her bewegt, wie die aktuellste Ausführung für Kleinteilehandling des Unternehmens SAFELOG eindrucksvoll beweist. Entweder reagiert der Wagen auf die Vorwärtsbewegung des Mitarbeiters, oder er ist direkt ans übergeordnete Warenwirtschaftssystem angebunden und „leitet" den entsprechenden Mitarbeiter an den korrekten Zielregalplatz, wo dieser sogar nochmal durch Projektions- oder Bildschirmtechnik visuell bei seiner Tätigkeit unterstützt wird. Zielsetzung dieser Technologie mit direkter Mensch-Maschine-Interaktion ist wie bei allen Assistenzsystemen eine skalierbare Erhöhung der Effizienz bei gleichzeitiger Entlastung des operativen Mitarbeiters.[88;89] Natürlich wird die Verbreitung solcher CPS-Assistenzsysteme, gerade in der Intralogistik massiv zunehmen, nicht nur aufgrund der im Vergleich zu Robotern deutlich günstigeren Anschaffungspreise, sondern auch wegen der systemseitig einfacheren Implementierung in bereits vorhandene Prozessstrukturen. Nachdem nun ein branchenübergreifender Einblick in autonome, teilautonome und assistierende CPS mit den jeweiligen Vor- und Nachteilen sowie der mehr oder weniger ausgeprägten Kollaboration zwischen Mensch und Maschine gegeben wurde, stellt sich am Ende des Intralogistik-Abschnitts noch die Frage, wie eine optimale Verschmelzung zwischen Mensch und Maschine aussehen würde, die möglicherweise nur die Vorteile der jeweiligen Systeme als Eigenschaften hätte? Eine erste Antwort auf diese komplexe Fragestellung gibt womöglich die aktuelle Trendentwicklung zur Nutzung von Exoskelett-Anzügen in der Logistik. Dieses neuartige Konzept, welches zunächst nach reiner Science-Fiction klingen mag, hat allerdings in einfachen Formen schon das Forschungsstadium verlassen und Einzug in reale Arbeitsumgebungen gehalten. Bei einem Exoskelett-Anzug handelt es sich um eine direkt am Körper getragene Stützstruktur aus gehärtetem Material, welche durch den Einsatz von multiplen Servomotoren an Gelenkstellen die physische Leistungsfähigkeit des Trägers verstärken, aber gleichzeitig auch aufkommende körperliche Belastungen abfedern soll. Es kommt bei dieser Technologie also theoretisch zu einer Fusion von biologischen, virtuellen und materiellen Elementen, da der menschliche Träger seine eigenen Bewegungsabläufe in Echtzeit

---

[88] Vgl. o.V., Kleinteilekommissionierung, 2011.
[89] Vgl. o.V., Intelligenter Kommissionierwagen, 2017.

mit einer Maschine bzw. mit einer Softwaresteuerung synchronisieren muss.[90] Solche aktiven Anzüge, mit denen ein Arbeiter problemlos schwerste Lasten heben und transportieren könnte, ohne dabei beispielsweise auf Flurförderzeuge zurückgreifen zu müssen, sind heute allein aufgrund des hohen Energieverbrauchs, mangelnder Softwarelösungen und des viel zu hohen Eigengewichts noch größtenteils im Prototypenstadium.[91] Andererseits werden derzeit schon analoge, unmotorisierte passive Anzüge, welche vor allem die empfindliche Rückenmuskulatur durch spezielle Federsysteme um bis zu 40 Prozent entlasten, im Praxiseinsatz erprobt, mit positivem Ergebnis. Das Potenzial der Exoskelett-Anzüge wird sehr hoch eingeschätzt, in Zeiten des demographischen Wandels Mitarbeiter körperlich zu entlasten und dabei automatisch durch verbesserte Arbeitsplatz-Ergonomie die medizinische Prävention für Rücken- und Gelenkschäden zu erhöhen, gelten hier als die treibenden Branchenanforderungen.[92] Weg von der Intralogistik und den „Maschinenmenschen" in Exoskeletten wird ab dieser Stelle als finaler Teil dieses Gliederungspunktes auf die Zukunftskonzepte in einem weiteren, unabdingbar wichtigen Themengebiet innerhalb einer funktionierenden digitalen Supply Chain eingegangen: Der Transportlogistik 4.0. Da die Digitalisierung natürlich nicht an einzelnen Fabrikzäunen stoppt, müssen moderne überbetriebliche Transportprozesse, basierend auf dem Einsatz von Big-Data und CPS, ebenso maximal vernetzt, transparent und in ihrer Gesamtheit effizient durchgeführt werden, wie auch in der innerbetrieblichen Logistik 4.0. Der allgemeine Nachholbedarf, gerade im Straßengütertransport, ist in Relation zu anderen Sparten wie der Luftfracht hoch, Potenziale gibt es daher im Transportsektor zu Genüge, die Aufholjagd beginnt bereits seit 2017 mit einem unspektakulären, aber in der Praxis höchst brisanten Pilotprojekt zur Einführung des E-CMR, ein zumindest für die europäische Zollunion geltender, einheitlicher digitaler Frachtbrief zu Verbesserung der Schnittstellenkontrolle und Transporttransparenz in Echtzeit.[93] Wo solche rein administrativen Logistik 4.0-Projekte eher auf informations- und softwaretechnischer Ebene zur Schaffung eines papierlosen Büroalltags umgesetzt werden, existieren beispielsweise im Bereich der modernen Nutzfahrzeugtechnik deutlich komplexere Entwicklungen. Im

---

[90] Vgl. o.V., Neues Exoskelett, 2015.

[91] Vgl. Häring, K., Exoskelette helfen, 2017.

[92] Vgl. o.V., Mitarbeiter im Lager mit Exoskeletten, 2017.

[93] Vgl. Pflaum, A./Schwemmer, M./Gundelfinger, C./Naumann, V., Transportlogistik4.0, 2017, S. 10-15.

hochkompetitiven Straßengüterverkehr gilt es, trotz akuten Fahrermangels, steigender Kundenanforderung, hohen Umweltauflagen und überlasteter Verkehrsinfrastruktur effektiv Transportleistungen anbieten oder durchführen zu können, daher steht die effektive Nutzung und schnelle Einführung innovativer erweiterter Assistenzsysteme bzw. Telematikanwendungen im Interessensfokus der meisten beteiligten Unternehmen.[94] In der Logistik 4.0 ist der moderne LKW, entweder durch bereits werkseitig verbaute oder nachgerüstete intelligente Telematikmodule, möglichst effektiv in die digitale Supply-Chain eingebunden. Folgerichtig wird der LKW somit selbst zum CPS, dessen interne und externe Sensorik üblicherweise eine große Menge eigens generierter Daten mit Echtzeit-Informationen über den aktuellen Fahrzeugstatus sowie dessen Umgebung einer übergeordneten virtuellen Plattform zur Verfügung stellt. Der Zweck der Datenerhebung wird meist nutzungsabhängig in mehrere Kategorien eingeordnet: Fahrer-, Fahrzeug-, Ladungssowie Flotten- und Supply-Chain-Management.[95] Es kommt zur multiplen Mensch-Maschine-Kollaboration, erstens wird der Kraftfahrer durch automatische Spurhalte-, Abstands-, Notbrems- oder Navigationsassistenzsysteme massiv entlastet, zweitens erhält jedoch auch der zuständige Disponent wertvolle Informationen und erhält dadurch die Möglichkeit, beispielsweise durch Einsatz von Fahrdaten-, Tracking-, Geofencing- bzw. Fahrbahnüberwachungssystemen direkten positiven Einfluss auf den Transportablauf oder den Fahrer zu nehmen, beispielsweise wenn letztgenannter durch unangepasste Fahrweise zu viel Kraftstoff verbraucht oder eine unsinnige Route einschlägt. Zwar führt dies seitens des Fahrpersonals möglicherweise zu großem Unmut und zum etwaigen Vorwurf der vermeintlichen Totalüberwachung am Arbeitsplatz, trotzdem überwiegen aus unternehmerischer Sicht die Vorteile, so dass sich laut Studie von 2016 je nach Kategorie zwischen 75 und 88 Prozent der Unternehmen einen massiven Mehrwert beim Einsatz dieser Systeme versprechen.[96;97] Die immer stärkere, intelligentere Vernetzung von Nutzfahrzeugen und die damit zunehmende Automation bzw. Verlagerung von klassischen Kraftfahrer- und Disponententätigkeiten gilt als essentiellste Grundvoraussetzung zur Entwicklung zukünftiger teilautonomer und vollautonomer Nutzfahrzeugkonzepte, welche in Punkt 4.3 nochmals genauer thematisiert werden. Diese

---

[94] Vgl. o.V., neue Herausforderungen, 2017.

[95] Vgl. Bousonville, T., Digitale Transformation, 2017, S. 28-31.

[96] Vgl. Schiller, T./Maier, M./Büchle, M.,Truck Study, 2016, S. 10-14.

[97] Vgl. Bäumler, I.,Telematiksysteme, 2015, S. 17-20.

letztgenannte Entwicklung befeuerte auch immer wieder den Trend zur Konzeption völlig neuer, effektiverer Transportmethoden, die den Einsatz von straßengebundenen Nutzfahrzeugen mit seinen negativen Effekten auf Mensch und Umwelt, langfristig vollkommen ersetzen sollen. Die letzte besonders aufsehenerregende Idee ist der „Hyperloop": Das erstmals vom renommierten amerikanischen Elektropionier Elon Musk konzipierte System soll sowohl den Güter- als auch den Personentransport vollkommen revolutionieren. Die Idee basiert simpel ausgedrückt aus einer Kombination aus Rohrpost und Einschienenbahn, mit dem feinen Unterschied, dass mit diesem System theoretische Transportgeschwindigkeiten von weit über 1000 km/h erreicht werden sollen. Der Güterversand erfolgt in dieser Utopie durch den Einsatz von unbemannten Transportkapseln, welche angetrieben durch eine Kombination aus Unterdruck und Magnetschwebetechnik, durch ein Netzwerk von speziellen Vakuumröhren zwischen Ballungsräumen und Industriegebieten hin und her „geschossen" werden.[98] Selbstverständlich ist heute und auch in naher Zukunft weder die ausgereifte Technologie noch die benötigte Infrastruktur vorhanden um diese visionären Anforderungen zu erfüllen, trotzdem finden einzelne Segmente des Konzepts, wie die reizvolle Möglichkeit des unterirdischen straßenunabhängigen Warenversands, viele enthusiastische, aber auch einige tatsächlich investitionsbereite Anhänger. So plant beispielsweise ein Schweizer Unternehmen mit Unterstützung der eidgenössischen Regierung bis zum Jahr 2045 den vollständigen Bau eines 450 Kilometer langen Tunnelsystems zum Warenaustausch, welches den Verkehrsträger Straße um bis zu 40 Prozent entlasten soll.[99] Mit der Vorstellung dieses besonders innovativen Konzepts endet an dieser Stelle die allgemeine Gesamtübersicht über aktuelle Entwicklungen. Im Folgeabschnitt wird noch einmal präzise auf drei besonders innovative Technologien und Trends eingegangen, welche auf die Umsetzung der Logistik 4.0, sowie der daraus abgeleiteten neuen Zusammenarbeit von Menschen und Maschinen, besonders großen Einfluss haben werden. Einige ergänzende Abbildungen zu den vorgestellten Technologien finden sich im Anhang.

---

[98] Vgl. Ihlenfeld, J., Rohrpost mit 1220km/h, 2013.
[99] Vgl. o.V., Gütertransport: Unterirdisch, 2017.

4 Vorstellung ausgewählter technischer Systemlösungen

4.1 Augmented Reality

Im Rausch der Technisierung von Wirtschaft und Gesellschaft steigt sowohl der menschliche Wunsch, als auch die davon abgeleitete Anforderung, virtuelle Welten oder Szenarien möglichst realitätsnah simulieren zu können, kontinuierlich an. Die wahrgenommene qualitative Ausprägung der geschaffenen Simulation hängt dabei maßgeblich von der individuellen Höhe des Stimulationsgrades der beanspruchten menschlichen Sinnesorgane ab. Zur Schaffung einer perfekten Simulation gilt es also, den Seh-, Gehör, Geruchs- und Gleichgewichtssinn künstlich bzw. virtuell maximal zu beeinflussen und gleichzeitig alle realen Außeneinwirkungen zu eliminieren, wie beispielsweise in einem Flugausbildungs- und Trainingssimulator, in denen angehende Piloten innerhalb kürzester Zeit vollkommen vergessen, dass sie sich überhaupt in einem Simulator befinden. Die Schaffung dieser virtuellen Illusion ist die maximale Stufe der virtuellen Realität, der „virtual Reality" bzw. „VR", dessen Technik derzeitig besonders im Markt der Unterhaltungsmedien und Computerspiele Einzug hält, natürlich in einer weit weniger ausgeprägten Form.[100] Doch nicht nur Softwareentwickler haben das Potenzial dieser Technik erkannt, längst wird bei der Umsetzung von Industrie und Logistik 4.0 die vermehrte Nutzung eines abgeleiteten, aber ähnlichen Konzepts zur effizienzsteigernden Mitarbeiterassistenz forciert. Anstatt eine neue künstliche Realität zu schaffen, ist es für eine gewerbliche Anwendung das erklärte Ziel, die bestehende Wahrnehmung des Nutzers sinnvoll virtuell erweitern zu können. Die Antwort der Technologieunternehmen ist das seit den 1990er Jahren kontinuierlich weiterentwickelte „Augmented Reality"- bzw. „AR"-Konzept, die erweiterte Realität, gelegentlich auch „Mixed Reality" genannt. Diese Technik ermöglicht dem Anwender durch den Einsatz spezieller cyber-physischer Hardware die effektive Vermischung von individuell steuerbaren, virtuell generierten Einflüssen mit der eigenen wahrgenommenen Realität.[101;102] Natürlich hielt die ursprüngliche Kernidee, gezielt einzelne Sinne eines Mitarbeiters zur Produktivitätssteigerung anzusprechen, spätestens mit Einführung der Pick-by-Voice-Technik in realen logistischen Arbeitsumgebungen Einzug, doch im Hinblick auf den Umstand, dass das menschliche Auge im Gegensatz

---

[100] Vgl. Andelfinger, V./Hänisch, T., cyber-physische Systeme, 2017, S. 21.
[101] Vgl. Bendel, O., Virtuelle Realität.
[102] Vgl. o.V., Augmented Reality, 2017.

zu anderen Sinnesorganen im Regelfall bis zu 80 Prozent der insgesamt verfügbaren Informationen aufnimmt, ist es aus Unternehmenssicht einfach nachzuvollziehen, gerade für die Optimierung operativer Tätigkeiten wie der Kommissionierung, visuell gestützte digitale Assistenzsysteme einzusetzen. Bereits verbreiteten Kommissioniersystemen wie Pick-by-Voice und Pick-by-Light folgt in der Logistik 4.0 daher das Pick-by-Vision-Konzept nach.[103] Bevor jedoch auf die genaue Funktionsweise eingegangen wird, steht zunächst noch die Frage nach der benötigten Hardware zur Klärung. Das Ziel von Augmented Reality ist eine stetige, positionsunabhängige, visuelle Bereitstellung von für die Ausführung der Arbeitstätigkeit besonders relevanter Informationen im direkten Sichtfeld des Anwenders, deren zielführende Nutzung zu einer skalierbaren Optimierung seiner Arbeitsergebnisse führen soll. Die Bereitstellung dieser Informationen erfolgt dabei im Regelfall durch den Einsatz von Daten- bzw. Augmented-Reality-Brillen.[104] Eine AR-Brille ist ein typisches CPS nach dem Verständnis der Logistik 4.0, sie besteht einfach ausgedrückt aus einem möglichst kompakten aber leistungsfähigen Rechenchipsatz, einem Netzwerkmodul zur Anbindung an drahtlose Kommunikationssysteme wie Wireless-LAN oder Bluetooth, mindestens einem Sensor bzw. einer Kamera zur Erfassung der Umgebung, sowie natürlich einem Display oder Kleinst-Projektor zur Visualisierung von Informationen. Diese Komponenten werden zusammen mit einem möglichst effektiven Akku in einem am Kopf tragbaren, robusten Gestell verbaut, wobei die Gewichtsreduktion für Entwickler hier eine besondere Herausforderung darstellt, da die Konstruktion den Träger selbst bei längerer Nutzung nicht unnötig belasten sollte.[105] Der hohe technische Anspruch an Hardwarekomponenten, Bauweise und Software sind die Gründe dafür, dass aktuell noch keine vollwertigen AR-Brillen, also Systeme die ihre wahrgenommene Umgebung in Echtzeit mit virtuellen Objekten ergänzen, die Serien- oder Marktreife erreicht haben. Keinen vollwertigen, aber dennoch einen praktikablen Ersatz für diese Technik bieten heute dafür schon sogenannte „dumme" Datenbrillen mit Head-Up-Display bzw. HUD, die dem Träger mithilfe einer Projektion unabhängig von seinem direkten Einsatzumfeld schriftliche Informationen oder Bilder anzeigen können. Diverse Anbieter, darunter auch Google, bieten daher heute schon für die Intralogistik nutzbare, finanziell

---

[103] Vgl. Günther, W., Augmented Reality unterstützte Kommissionierung, 2009, S. 1-2.
[104] Vgl. Tümler, J./Mecke, R., Mobile Augmented Reality, 2006, S. 40-41.
[105] Vgl. Bendel, O., Datenbrille.

durchaus erschwingliche Modelle, wie die bekannte „Google Glass Enterprise"-Brille, in Preisspannen zwischen 1500 und 4000 Euro an. Die Modelle unterscheiden sich dabei vor allem durch Akkulaufzeiten, Gewicht, Material, Tragekomfort, Leistung und Kameraqualität.[106] Diese Vorstufe der echten AR-Datenbrillen reicht für erste einfache Einsätze in angewandten Pick-by-Vision-Konzepten vollkommen aus, meist im Verbund mit anderen vernetzten Wearables. Wie würde also ein Pick-by-Vision-Konzept in der Praxis konkret aussehen? Ein Beispielfall: In einem typischen Distributionslager geht über die zentrale Warenwirtschaftsplattform ein Versandauftrag über mehrere Artikel ein, das System errechnet anhand der verfügbaren Lagerdaten eine laufwegoptimierte Pickliste und synchronisiert sich mit der Datenbrille des nächsten frei werdenden Kommissionierers in der entsprechenden Lagerzone. Nach erfolgreicher Synchronisation zeigt die Brille dem Arbeiter per HUD alle notwendigen Daten zur Entnahme des ersten Artikels auf der Liste an, also Stellplatz-, Regal- und Fachnummer sowie natürlich auch Bezeichnung und Kennung des Artikels. Nachdem der Lagerist den Gegenstand erfolgreich entnommen hat, bestätigt dieser den Pick manuell, also beispielsweise per Gestenbefehl an den Brillensensor, oder automatisch, möglicherweise durch eine am Ladungsträger bzw. Behälter installierte RFID-Entnahme-Kontrolle. Wurde der entsprechende Artikel korrekt entnommen, beginnt der Prozess erneut und das HUD zeigt den nächsten zu entnehmenden Artikel auf der virtuellen Pickliste an, bis die gesamte Liste abgearbeitet ist.[107] Konzepte dieser Art werden mit dem stetigen technischen Fortschritt in der Entwicklung neuer AR-Brillen sicher noch weiter ausgebaut, beispielsweise wäre es zukünftig möglich, völlig auf das Einblenden von Nummern oder Bezeichnungen zu verzichten und den Kommissionierer nur noch per visueller Steuerung, beispielsweise durch das Anzeigen virtueller Pfeile auf realen Oberflächen durch das Lager zu lenken, obwohl solche Entwicklungen auch immer öffentliche Kritik entfachen, da im beschriebenen Szenario der menschliche Arbeiter in seiner Tätigkeit vollkommen von einer Maschine bevormundet würde.[108] Trotz dieser streitbaren Debatten auf arbeitsethischem Niveau kann man dem Einsatz von AR-Brillen in der Logistik kaum etwas Negatives anheften, Vorteile werden dagegen zu Hauf angeführt: Ihr Einsatz steigert nachweislich die Pickraten bei

---

[106] Vgl. Janssen, J., C'T 2017, S. 69-70.

[107] Vgl. o.V., Smart-Glasses in der Kommissionierung, 2016.

[108] Vgl. Andelfinger, V./Hänisch, T., cyber-physische Systeme, 2017, S. 22.

gleichzeitig sinkenden Fehlerquoten, dank visueller Hilfestellung können ungelernte Kräfte schnell angelernt werden, maximale Bewegungsfreiheit ist besonders im Bereich der Hände gewährleistet und besonders die automatisch generierten Echtzeit-Daten können aus Planungssicht dabei helfen Laufwege, Artikelstellplätze und genutzte Lagerflächen langfristig zu optimieren.[109] Auch die Zahlen sprechen für die AR-Technologie: Laut Studie werden deutsche Unternehmen branchenübergreifend bis 2020 über 850 Millionen Euro in AR bzw. VR-Technologien investieren.[110] Darin zeigt sich auch die Adaptierbarkeit der Potenziale auf andere Sparten, beispielsweise in der Kontrakt- oder Produktionslogistik, wo AR-Brillen beispielsweise ungelernte Fachkräfte bei Vormontagetätigkeiten unterstützen könnten. Abschließend ist generell festzustellen, dass beim Einsatz von AR- oder VR-Technik immer ein Mensch im Zentrum der Anwendung auftritt, was im direkten Widerspruch zur weit verbreiteten Forderung nach schnellstmöglicher maximaler Prozessautomation steht. An dieser Stelle endet daher auch die Vorstellung des AR/VR-Themenfelds, denn im nächsten Konzept rückt genau die Automation auf Basis intelligent vernetzter CPS wieder in den Fokus der Thesis. Ergänzend zu den Erläuterungen dieses Gliederungspunktes findet sich im Anhang noch eine Übersicht zu aktuell genutzten Datenbrillen.

4.2 Hub2Move

Die Umsetzung des Industrie 4.0-Gedankens basiert auf der Notwendigkeit, die zukünftige Entwicklung und Fertigung von Produkten, im Hinblick auf neu entstehende komplexe wirtschaftliche Rahmenbedingungen, ausgehend von Digitalisierung und Globalisierung der Märkte, möglichst effektiv und wertschöpfend zu gestalten. Wie bereits in Abschnitt 2. erläutert, führt dieses neue Umfeld zu steigenden Anforderungen an Logistik 4.0-Konzepte und die digitale Supply-Chain, vor allem Kostendruck, niedrige Bestände, große Artikelvielfalt, schnellere Lieferzyklen, um nur einige zu nennen. Um sich diesen Herausforderungen in Zeiten des Fachkräftemangels anzupassen, setzt man besonders in der Intralogistik zukünftig auf Flexibilität und Automation durch den Einsatz von CPS.[111] Wie sähen also Abläufe, Strukturen, Inventar und Fördersysteme in einem Logistikzentrum der Zukunft aus und welche Aufgaben nehmen menschliche Arbeitskräfte in diesen Prozessen

---

[109] Vgl. o.V., Augmented Reality, 2017.

[110] Vgl. Von Linden, J., die Industrie erobern, 2017.

[111] Vgl. Wiedmann, N., Bedürfnisse der Intralogistik, 2016, S. 5-6.

wahr? Das hauptsächlich vom Fraunhofer-Institut und der hanseatischen STILL GmbH in Kooperation entwickelte Forschungskonzept „Hub2Move" dient zur Beantwortung dieser Fragen als perfektes Anschauungsbeispiel. Mit diesem Zukunftskonzept strebt man die Umsetzung eines maximal wandlungsfähigen und modular aufgebauten Lagersystems auf Basis dezentral agierender autonomer CPS-Flotten an. Die Entwicklung baute dabei auf dem einfachen Kerngedanken auf, dass ein perfektes Lagersystem möglichst ohne klassische intralogistische Infrastruktur auskommen muss, um höchste einsatzspezifische Flexibilität durch schnellste Umzugs- und Anpassungsfähigkeit zu erreichen. Diese Fähigkeiten sind für die Effizienz zukünftiger Intralogistikkonzepte entscheidend, denn immer kürzere Vertragslaufzeiten bei sich gleichzeitig rasant verändernden Fertigungs- und Handelsanforderungen setzten eine hohe Reaktions- und Einsatzschnelligkeit der Intralogistik 4.0 einfach voraus. Im Optimum wäre das System in der Realität so flexibel, dass man es standortunabhängig innerhalb kürzester Zeit auf- bzw. abbauen und anschließend schnellstmöglich in Betrieb nehmen könnte, völlig unabhängig vom nächsten individuellen Einsatzzweck.[112;113] Um dieses zunächst noch theoretische Optimum zu erreichen, muss zunächst eine universelle Kommunikationsebene durch maximale Konnektivität geschaffen werden, indem alle smarten physischen Faktoren innerhalb des Lagers über eine Plattform vernetzt werden. Das heißt im Klartext, alle intelligenten Regale, Behälter, FTF's und natürlich auch Mitarbeiter werden miteinander verbunden, letztgenannte durch Implementierung von den bereits bekannten multimodalen Mensch-Maschine-Schnittstellen. Mit Erreichen dieses hohen Vernetzungsgrad wird auch gleichzeitig die softwareseitige Grundlage zur Schaffung der nächsten und wichtigsten Systemebene, der CPS-Multiagentensteuerung geschaffen. Erst diese Steuerung ermöglicht den Einsatz autonomer, zellular-aufgebauter Transport- und Fördersysteme, welche als Logistik 4.0-Kerntechnologie im Zentrum der gesamten Konzeption stehen. Denn diese cyber-physischen Transport- und Fördersysteme ersetzten im Lager der Zukunft bzw. im Hub2Move die klassisch-stationäre Förder- und Flurfördertechnik, wie beispielsweise Hubwagen, Stapler oder ganze Rollenförderer, indem sich einzelne FTF, immer als Teil einer ganzen Flotte, in ihrer Funktion durch gegenseitige Kommunikation flexibel den individuell aufkommenden Anforderungen im laufenden Logistikbetrieb anpassen. Dies bedeutet, dass alle miteinander verbundenen

---

[112] Vgl. Bauernhansl, T./Ten Hompel, M./Vogel-Heuser, B., Industrie 4.0, 2014, S. 615.
[113] Vgl. Follert, G., Leitbild eines HUB2MOVE, 2017, S.1-2.

cyber-physischen Multifunktionssysteme ihren jeweils spezifischen Einzeleinsatz, abhängig von den durch die Plattform zur Erfüllung vorgegeben Aufträgen, auf Basis einer „Schwarmintelligenz", einer auf Echtzeit-Daten basierenden dezentralen Steuerung, selbstplanend vornehmen. In diesem revolutionären Szenario ist also der Großteil des automatisierten Lagerbetriebs erstmals völlig dezentral gesteuert, die übergeordnete ERP- bzw. Warenwirtschaftsplattform und der menschliche Mitarbeiter wären womöglich nur noch passive, Daten bereitstellende und überwachende Elemente.[114;115] Die Rolle des Menschen wird im späteren Textverlauf natürlich noch näher beleuchtet, in Anbetracht dieses Szenarios stellt sich jedoch die entscheidendere Frage, wie ein cyber-physisches Fahrzeug, dass stets auf die flexiblen Einsatzanforderungen seines baugleichen CPS-Verbands reagiert, überhaupt beschaffen bzw. aufgebaut sein müsste und ob solche Fahrzeuge bereits existieren. Der 2014 erstmals vorgestellte STILL „CubeXX" gilt als einer der ersten erfolgreichen Versuche, ein intelligentes Allround-Flurförderzeug für den voll- oder teilautonomen Intralogistikeinsatz zu konzipieren. Die Technik ist beeindruckend, denn der elektrisch betriebene CubeXX vereint sechs verschiedene Flurförderzeuge in einem modular aufgebauten, intelligenten System: Durch automatisch ein- oder ausfahrbare Stützen und Lastengabeln, aber auch der Fähigkeit zur Ankopplung von Anhängern und Gegengewichten, ist der CubeXX sowohl als Horizontalkommissionierer, Routenzug bzw. Schlepper, Stapler aber auch als Nieder-, Hoch- und Doppelstockhubwagen einsetzbar.[116] Interessanterweise wurde das System im Gegensatz zu diversen anderen Konzepten besonders für einen kooperativen Einsatz im Verbund mit menschlichen Arbeitskräften entwickelt, es kann mittels hochentwickelter Sensorik zwar vollautomatisiert agieren, besitzt aber auch eine ausfahrbare Fahrerkabine zur direkten Steuerung und natürlich ist auch eine ferngesteuerten Nutzung per Wearable möglich.[117] Dies beantwortet wiederum die vorrangegangene Frage nach der Rolle des Menschen, die gezielte Einrichtung gleich mehrerer, besonders aufwendiger Mensch-Maschine-Schnittstellen zeigt zumindest bei diesem, seriennahen Konzept unmissverständlich auf, dass der aktive operative Mitarbeiter aufgrund der bereits angesprochenen hohen Komplexität der

---

[114] Vgl. Vogel-Heuser, B./Bauernhansl, T./Ten Hompel, M.,Handbuch Industrie 4.0, 2017, S. 76-77.

[115] Vgl. Bauernhansl, T./Ten Hompel, M./Vogel-Heuser, B., Industrie 4.0, 2014, S. 616.

[116] Vgl. o.V., 6 in 1: Der STILL cubeXX, 2014.

[117] Vgl. o.V., Highlights: der STILL cubeXX, 2014.

Tätigkeiten immer noch nicht aus allen Zukunftsszenarien verschwunden ist. In der Kernidee der Nutzung selbstlernender dezentraler gesteuerter CPS-Schwärme, welche natürlich auch die Entwicklung des CubeXX maßgeblich prägt, verlagert sich diese menschliche Rolle jedoch zunehmend vom klassischen Ausführer in die eines Entscheiders und Überwachenden in ständiger direkter, ortsunabhängiger cloudbasierter Kommunikation mit den wiederum ausführenden CPS bzw. FTF.[118] Neben dem Zukunftskonzept des Hub2Move, bieten diverse andere Unternehmen bereits heute flexible Intralogistiklösungen mit flächendeckendem Einsatz autonomer FTF-Flotten an: Das vom deutschen Roboter-Entwickler Swisslog bzw. der Kuka Unternehmensgruppe entwickelte „CarryPick"-System setzt beispielsweise auf optimale Raumnutzung durch vollautomatische Aus- und Einlagerung ganzer Regalmodule nach dem Ware-zum-Mann-Prinzip, basierend auf einem Schwarm vollautonomer CPS die im Lager mithilfe eines virtuellen Rasters navigieren. Trotz unterschiedlicher Ansätze und Entwicklungsstadien sind die Ziele als auch die genannten Vorteile der Systeme de facto identisch: Maximale Flexibilität durch schnell anpassbare branchen- und ortsunabhängige Einsatzmöglichkeiten, Steigerung der Produktivität bei sinkenden Fehlerquoten durch Automation sowie hohe Skalierbarkeit und Individualität durch Modulaufbau sind die schlagenden Argumente der Hersteller.[119;120] Zum krönenden Abschluss wird im Folgenden noch ein kurzer Exkurs in die Welt der Zahlen gegeben, dessen Inhalt die genannten Vorteile nochmals untermauert, belegt und verstärkt, denn mittels CPS-Einsatz umgesetzte Intralogistik 4.0-Prozesse können massive Einsparpotenziale schaffen: Bestandskosten können um bis zu 40, Logistikkosten um bis zu 20 und schlussendlich natürlich auch Kosten steigender Komplexität durch Erbringung neuer Leistungen, beispielsweise in der Kontraktlogistik, um bis zu 70 Prozent gesenkt werden.[121] Mit diesen beeindruckenden Zahlen endet dieser Gliederungspunkt, Bildmaterial zu den vorgestellten Systemen CubeXX und CarryPick finden sich im Anhang.

---

[118] Vgl. Vogel-Heuser, B./Bauernhansl, T./Ten Hompel, M., Handbuch Industrie 4.0, 2017, S. 82-83.

[119] Vgl. Swisslog AG, CarryPick: Flexibel und modular, 2018, S. 1-2.

[120] Vgl. Stenzel, J., Hub2Move, 2018.

[121] Vgl. Bauernhansl, T./Ten Hompel, M./Vogel-Heuser, B., Industrie 4.0, 2014, S. 31.

4.3 Autonome Nutzfahrzeugkonzepte

Nach den beiden vorangegangenen Ausführungen mit klarem Schwerpunkt auf Intralogistik 4.0-Systeme liegt der Fokus im letzten Drittel des vierten Abschnitts auf Entwicklungen in der Transportlogistik, im Speziellen auf geplanten Konzepten zur Umsetzung automatisierter Nutzfahrzeugtechnik. Einführend ist sofort klarzustellen: Neben alternativen Antriebstechniken ist die Entwicklung von voll- bzw. teilautonom fahrenden leichten und schweren Nutzfahrzeugen der bedeutendste langfristige Branchentrend und für die zukünftige Transportlogistik 4.0 von zentraler Bedeutung, sowohl im Fernverkehr als auch auf der letzten Meile. Zur besseren Differenzierung der verschiedenen Technologien werden die jeweiligen Entwicklungen in Abhängigkeit von ihrem Automationsgrad in fünf Kategorien eingeordnet. Aufsteigend reichen diese von der ersten Stufe, dem assistierten Fahren gefolgt vom teil-, hoch- und vollautomatisierten Fahren bis hin zur letzten, fünften Entwicklungsstufe, dem vollständig fahrerlosen Fahren.[122;123] Die im Folgenden vorgestellte Konzeption, welche in der Fachpresse immer wieder für Furore sorgt, kann bezogen auf diese Automatisierungsstufen als eine direkte Weiterentwicklung der bereits in Gliederungspunkt 3.3 erläuterten modernen Assistenz- bzw. Telematiksysteme eingeordnet werden: Das „LKW-Platooning"-Konzept. Beim Platooning kommt es im ersten Schritt zu einer drahtlosen Vernetzung mehrerer hintereinander fahrender Nutzfahrzeuge bzw. LKW auf der gleichen Transportroute. Im zweiten Schritt reihen sich die beteiligten Fahrzeuge in kürzestem Abstand hintereinander ein und die Fahrer übergeben die Steuerung vollständig an ein intelligentes Bordelektronikmodul, welches jeweils auf die Fahrdaten der Bordelektronik des vorrausfahrenden Fahrzeugs zurückgreift. Infolgedessen richten sich alle Fahrzeuge im „Platoon" vollautomatisch nach der Geschwindigkeit und der Fahrweise des Führungsfahrzeugs aus und übernehmen so alle Aktionen, also beispielsweise Brems-, Beschleunigungs-, oder Schaltvorgänge in einer möglichst verzögerungsfreien Echtzeit-Kettenreaktion.[124;125] Befürworter und Systemanbieter führen eine Erhöhung der Transportsicherheit durch Teilautomation bei gleichzeitig sinkendem Kraftstoffverbrauch und CO^2-Ausstoß durch den geringeren Luftwider-

---

[122] Vgl. Pflaum, A./Schwemmer, M./Gundelfinger, C./Naumann, V., Transportlogistik4.0, 2017, S. 35-36.

[123] Vgl. Clausen, U./Stütz, S./Bernsmann, A./Heinrichmeyer, H., Die letzte Meile, 2016, S. 51.

[124] Vgl. Smethurst, G., Automatisiertes Fahren, 2017.

[125] Vgl. Bronsch, J., Platooning, 2016.

stand der im optimalen gegenseitigen Windschatten fahrenden Fahrzeuge als Hauptargumente für eine schnellstmögliche Serieneinführung an, doch der reale Nutzen des Konzepts bleibt heftig diskutiert.[126] Vor allem die mangelnde Vollautomation des Systems bzw. die einfache Tatsache, dass trotz Bildung großer automatisierter Kolonnen noch immer in jedem einzelnen Fahrzeug ein Fahrer benötigt wird, der den LKW vor Eintritt oder nach Verlassen des Platoons wieder manuell ans Ziel steuert, steht gegen eine flächendeckende Nutzung. Auch die daraus abgeleitete Fragestellung, welche gewinnbringenden Ersatztätigkeiten der Fahrer eigentlich übernehmen könnte, wenn das System erst einmal den Status der Hochautomation erreicht hat, sorgt für massive Kritik, da in diesem Falle seine eigentliche Kernaufgabe, das Lenken, auf weiten Teilen des Transportwegs vollständig entfällt.[127] Diese Argumente sind jedoch nur die Spitze des Eisbergs, denn auch die hohen Investitionskosten, die Frage nach Möglichkeiten zur gerechten Umverteilung der entstehenden Mehrkosten beim Platooning-Führungsfahrzeug auf die anderen beteiligten Fahrzeuge aber auch juristische Hürden gelten als Hindernisse dieses teilautomatisierten Konzepts. Mithilfe großzügiger politischer Unterstützung halten führende Hersteller wie Daimler und MAN mit immer umfangreicheren Feldversuchen dagegen, in Deutschland startete im Frühjahr 2018 beispielsweise ein groß angelegter Platooning-Feldversuch auf der A9 zwischen München und Nürnberg.[128;129] Die Bestrebungen haben Kalkül, denn die reale Umsetzung und Erprobung von Platooning-Konzepten sind nur die Wegbereiter für das eigentliche Ziel, der schnellstmöglichen Entwicklung und Zulassung vollautonomer Nutzfahrzeuge. Die Technik ist heute schon weit fortgeschritten und das wirtschaftliche Interesse immens, daher soll bis 2025 schon jedes dritte Fahrzeug teilautomatisiert einsetzbar sein und Gesamtkosteneinsparungen von bis zu 60 Prozent ermöglichen, bei gleichzeitig höherer Auslastung.[130] Es mag zwar noch viel Entwicklungszeit zwischen 2018 und 2025 liegen, allerdings können fast alle namenhaften LKW-Hersteller schon heute funktionierende autonome Fahrzeugsysteme präsentieren, was die finale Frage aufwirft, wie sich in der Transportlogistik 4.0 kurz- oder

---

126 Vgl. Wuttke, W., Vorbild Zugvogel, 2017.

127 Vgl. Bousonville, T., Digitale Transformation, 2017, S. 33-34.

128 Vgl. Pflaum, A./Schwemmer, M./Gundelfinger, C./Naumann, V., Transportlogistik4.0, 2017, S. 35-36.

129 Vgl. o.V., Pilotprojekt Platooning, 2018.

130 Vgl. o.V., Lastwagen bis 2025 teilautonom, 2017.

mittelfristig das Tätigkeitsfeld des klassischen Berufskraftfahrers verändert und wann einer Entlastung durch Teilautomation der Ersatz durch Vollautomation folgt.[131] Basierend auf den fünf Stufen des automatisierten Fahrens lässt sich hierzu sofort anmerken, dass der menschliche Fahrer tatsächlich erst auf der maximalen Stufe vollständig ersetzt werden kann, deren generelle praxistaugliche Umsetzung sich vor allem im urbanen Raum als technisch außerordentlich anspruchsvoll herausstellt und daher auch eine deutlich längere Entwicklungszeit benötigen wird als die Vorgängersysteme. Andererseits wird mit der geplanten schnellen Einführung von Platooning bereits die Vorstufe der Voll- oder zumindest der Hochautomation erreicht, in welcher die Mensch-Maschine-Kollaboration situativ bereits so weit ausgeprägt ist, dass der Fahrer zeitweise in so großem Maße entlastet wird, dass dieser theoretisch mit neuen Aufgabengebieten von ursprünglich rein administrativer Natur, beispielsweise Kommunikations-, Dispositions- oder Planungsaufgaben betraut werden könnte.[132;133] Die schnell fortschreitende Digitalisierung des Nutzfahrzeugs, besonders des LKW, steht daher gleichbedeutend für die zunehmende Transformation der Transportsektors und aller beteiligten Berufsgruppen, deren klassische Tätigkeitsfelder sich zunehmend durch den Einfluss intelligenter CPS ausweiten und flexibilisieren. Komplexität ist wie in allen anderen Sparten das Schlüsselwort, es steht sinnbildlich für die Notwendigkeit der 4.0-Konzepte, daher braucht es in der Transportlogistik 4.0 neben dem Nutzfahrzeug 4.0 beispielsweise auch einen Berufskraftfahrer 4.0, der zwar immer noch nicht-automatisierte Tätigkeiten, wie die Be- oder Entladung übernimmt, gleichzeitig jedoch die durch den effektiven Einsatz autonomer Nutzfahrzeugkonzepte geschaffenen neuen Freiräume sinnvoll ausnutzt, also zur persönlichen technischen Weiterbildung und unternehmerischen Wertschöpfung, beispielsweise zur Unterstützung übergeordneter Ebenen.[134] An dieser Stelle endet das vierte Kapitel und die detaillierte Vorstellung der drei unterschiedlichen Technologien, zur Veranschaulichung des Platooning-Konzepts und der Automationsstufen des Fahrens finden sich wie üblich erklärende Abbildungen im Anhang.

---

[131] Vgl. Pander, J., Lasst Wagen fahren, 2017.

[132] Vgl. Bousonville, T., Digitale Transformation, 2017, S. 34.

[133] Vgl. Pflaum, A./Schwemmer, M./Gundelfinger, C./Naumann, V., Transportlogistik4.0, 2017, S. 35-36.

[134] Vgl. Welling, S., VR Spezial 2018, S. 38-39.

5 Logistik ohne Mensch

Nachdem in den beiden vorangegangenen Kapiteln primär Logistik 4.0-Technologien mit intensivierter Mensch-Maschine- oder Mensch-Roboter-Kollaboration analysiert wurden, wagt dieses kurze Kapitel erstmals den theoretischen Ausblick auf eine Zukunft, in welcher der Mensch als Arbeitskraft in vielen Teilen der digitalen Supply-Chain durch intelligente, disruptive Systeme vollständig ersetzt wird. In diesem Zusammenhang befasst sich dieser Ausblick inhaltlich mit zwei unterschiedlichen Ansätzen, beginnend mit der Vollautomation von Logistikprozessen. Bei diesem ersten Ansatz handelt es sich nicht um ein theoretisches Zukunftsszenario, sondern vor allem um ein typisches langfristiges Unternehmensziel, bei welchem Personalfixkosten fast vollständig eliminiert aber auch gleichzeitig die Produktivität und Leistungsfähigkeit logistischer Strukturen maximiert werden soll. Die Schlüsseltechnologie zum Erreichen dieses Ziels liegt auf der Hand: Hochentwickelte CPS und künstliche Intelligenz(KI).[135] Natürlich hat die technische Entwicklung bereits heute einen hohen Stand, was Robotik-Systeme wie der TORU oder der CubeXX eindrucksvoll beweisen, jedoch kann deren intelligente Sensorik und Steuerung selbst im Verbund mit entsprechend vernetzter Infrastruktur noch nicht ansatzweise das Tätigkeitsportfolio eines menschlichen Arbeiters erreichen. Die noch deutlich zu unterentwickelte KI der Systeme kann mit der menschlichen Fähigkeit kreativ zu Denken und zu Improvisieren einfach nicht mithalten. Ein Beispiel aus der Intralogistik: Ein Mensch kann theoretisch spielend zwischen Millionen verschiedenster Artikel in einem Regal unterscheiden und diese auch individuell greifen oder anheben, selbst wenn er einen Artikel zum erste Mal sieht. Ein Roboter hingegen kann selbst heute nur im Rahmen seiner standardisierten Programmierung handeln, jeder einzelne Artikel im besagten Regal müsste erst mittels Sensorik genau identifiziert und anschließend einer hinterlegten standardisierten Handlungsoption zugeordnet werden, wozu mit steigender Vielfalt eine immer höhere Rechen- und Speicherkapazität benötigt wird.[136;137] In der Zukunft der logistischen Vollautomation werden die Roboter, die CPS, daher auf Basis einer deutlich höher entwickelten dezentralen KI agieren, welche sich besonders durch die Fähigkeit des Selbstlernens auszeichnet. Im Verbund mit Schwärmen multifunktionaler intelligenter Maschinen wird mit Einsatz einer solchen KI endgültig die in Punkt

---

[135] Vgl. Molzow-Voit, F./Quandt, M./Freitag, M./Spöttl, G., Robotik in der Logistik, 2016, S. 32-33.
[136] Vgl. o.V., Roboter-Kommissionierung, 2017.
[137] Vgl. Andelfinger, V./Hänisch, T., cyber-physische Systeme, 2017, S. 19-20.

2.3 erläuterte höchste Stufe der CPS erreicht, mit welcher der Mensch für die logistische Wertschöpfung fast überflüssig wird. In diesem „System of Systems" entstehen mithilfe dieser selbstlernenden KI modulare selbstkonfigurierende autonome Logistikfraktale nach dem „plug&play"-Prinzip, immer flexibel in Abhängigkeit vom Anforderungszweck zusammengestellt. Da die CPS in diesem Fall jeden aufkommenden Auftrag, wie beispielsweise eine Auslagerung mit anschließender Auslieferung zum Endkunden, selbstständig planen und physisch ausführen können, gibt es wenig Bedarf an menschlichen Staplerfahrern, Kraftfahrern, Lageristen, aber auch Disponenten und Planern.[138;139] Der Ablauf könnte wie folgt aussehen: Eine elektronische Warenbestellung geht im System ein, das Warenwirtschaftsmodul prüft die Verfügbarkeit des Artikels mithilfe intelligenter Ladungsträger und leitet bereits vorsorglich eine automatische Wiederbeschaffung ein. Parallel konsolidiert sich bereits ein Verbund geeigneter verfügbarer CPS für die Entnahme, Verpackung und den innerbetrieblichen Transport sowie der anschließenden Verladung auf ein bereits bei Auftragseingang automatisch vorgeplantes, bereitstehendes autonomes Nutzfahrzeug für den Haupttransportweg zum menschlichen Empfänger, der über das System so früh möglich über den genauen Zeitpunkt des Eintreffens informiert wird, digital, versteht sich. Obwohl selbst solche einfachen Beispielprozesse heute erst auf dem Papier abgebildet werden können, wird der zunehmende Einsatz künstlicher Intelligenz und Robotik in der Logistik zu Gewinnsteigerungen von bis zu 44 Prozent bis 2035 führen, bei gleichzeitigem Wegfall von knapp 1,1 Millionen Arbeitsplätzen bis 2020.[140;141] Solche Gewinnpotenziale scheinen die Unausweichlichkeit der Vollautomation in der Logistik zu prophezeien, allerdings existiert noch ein weiterer, eventuell als noch disruptiver einzustufender Ansatz, dessen Konzepte bereits heute in geringem Umfang zu Anwendungen kommen. Die sich rasant entwickelnde Technik des 3D-Drucks wird in den Fachkreisen der Fertigungs- und Produktionstechnik derzeit mindestens ebenso intensiv diskutiert wie die Industrie 4.0 und die Smart Factory, da ihr Potenzial gar mit der Einführung des Fließbands oder der Robotertechnik verglichen wird. Dies ist nicht wirklich verwunderlich, denn der als „additive Fertigung" bezeichnete Megatrend hat konzeptionell längst den Sprung aus der Nische

---

¹³⁸ Vgl. Bauernhansl, T./Ten Hompel, M./Vogel-Heuser, B., Industrie 4.0, 2014, S. 17.

¹³⁹ Vgl. Roth, S., System of Systems, 2015.

¹⁴⁰ Vgl. Bernau, V., WiWo FutureBoard, 2017, S. 3.

¹⁴¹ Vgl. Dörner, S., jedem zweiten Job das Aus, 2016.

gemeistert und ist heute bereits fester Bestandteil in der Produktion von speziellen Luft- bzw. Raumfahrtteilen, Prothesen, Schuhsohlen aber auch ganzen Türrahmen und Hörgeräten, um nur einige ausgewählte Beispiele zu nennen. Obwohl die Auswirkungen auf die Logistik aufgrund der meist geringen Losgrößen derzeitig noch kaum bemerkbar sind, wird die Technik mittelfristig großen Einfluss auf die Supply-Chain nehmen.[142;143] Im Gegensatz zur Vollautomation könnte diese Technik nicht einfach nur den Faktor Mensch ersetzen, sondern gleich komplette physische Transport- oder Lagervorgänge übergehen, indem benötigte oder gewünschte Güter bzw. Artikel einfach am Wunschort „on demand", also sofort nach Bedarfseintritt, ausgedruckt werden. Hochkomplexe globale Supply-Chains wären somit obsolet, ein hochentwickelter industrieller 3D-Drucker bräuchte nicht mehr als die passenden Rohmaterialien wie Kunststoffe, Holz oder Metalle, um eine Vielzahl verschiedener Artikel zu fertigen, welche vorher beispielsweise in Niedriglohnländern produziert wurden um anschließend über mehrstufige multimodale Logistiknetzte möglichst kostendeckend wieder an einem zentralen Produktionsstandort konsolidiert zu werden. Wo weder Transport-, Lager- oder Kommissioniertätigkeiten anfallen, wird folgerichtig auch keine physische Logistik gebraucht und somit auch kein Mensch. Die Logistik wäre in dieser Entwicklung rein informationstechnischer Natur und würde nur in informationsbezogener Sicht, beispielsweise durch den digitalen Versand oder die cloudbasierte Bereitstellung von 3D-Druck-Bauplänen existieren bzw. eine Beitrag zur Wertschöpfung leisten. Natürlich können selbst auf lange Sicht unmöglich alle Warenströme durch den Einsatz von 3D-Druckern transformiert werden und genauso selbstverständlich existieren bereits diverse Konzepte zur technischen Einbindung des Konzepts in logistische Dienstleistungskonzepte, jedoch kann zum Abschluss des Themas „Logistik ohne Mensch" zweifelsfrei festgestellt werden, dass die langfristige Technisierung und Automation der Logistik im spezifischen Anwendungsfall keinen Halt vor der Substitution des Faktors Mensch machen wird.[144;145]

---

[142] Vgl. Kuhn, T./Maier, A., WiWo FutureBoard 2017, S. 25-26.
[143] Vgl. Andelfinger, V./Hänisch, T., cyber-physische Systeme, 2017, S. 17-19.
[144] Vgl. Pelzel, K., Das Ende der globalen Supply Chain, 2013.
[145] Vgl. Thomas, O./Kammler, F./Zobel, B./Sossna, D./Zarvic, N., IM+io 2016, S. 61-63.

6 Fazit

Das Finale ist erreicht, Zeit ein für ein kurzes Resümee. Es wurden neben vielen aktuellen auch diverse kurz-, mittel- und langfristig geplante Konzepte, technische Systeme und Visionen der Logistik 4.0 vorgestellt, wodurch schlussendlich auch die konkrete Beantwortung der grundlegenden wissenschaftlichen Fragestellung dieser Thesis erfolgen kann. Zur schrittweisen Aufklärung wird die Frage noch einmal uminterpretiert: Sie lautet daher zunächst nicht „wie" arbeiten Mensch und Maschine in Zukunft zusammen, sondern „ob" überhaupt zusammengearbeitet wird. Es wurden viele Entwicklungen aufgezeigt, doch wie praktikabel sind die aktuell erprobten autonomen Systeme wirklich? Eine Bilanz, beginnend auf der letzten Meile: Zustellroboter und Transportdrohnen sollen zukünftig die exorbitant steigende Anzahl an KEP-Sendungen zustellen, doch den Systemen fehlt es an Leistungsfähigkeit, Kapazität, Sicherheit und Massentauglichkeit, besonders im Hinblick auf den Einsatz in dicht besiedelten Gebieten.[146] Ähnlich die Situation im Straßengütertransport: Autonomes Fahren ist selbst auf langfristige Sicht nur schwer oder vereinzelt umzusetzen, nicht nur der hohen räumlichen und situativen Varianz und Komplexität, sondern auch den diversen juristischen und finanziellen Hürden geschuldet.[147] Selbst in der Intralogistiksparte, dem Branchenvorreiter für Automation, offenbaren sich die Schwächen der CPS, denn weder die eingesetzte KI, noch die FTS bzw. Roboter können die immer größeren Sortimentstiefen mit mangelnder Standardisierung und die dadurch steigenden Leistungsanforderungen im Alleingang bewältigen.[148] Die logische Schlussfolgerung: Um kontinuierliche Effizienz, Produktivität, Flexibilität, Qualität und Prozesssicherheit in der Logistik zu gewährleisten, bleibt der Mensch schlichtweg unersetzlich. Der fortschreitende digitale Wandel der Logistik in Richtung der magischen 4.0 bedeutet dennoch einen massiv zunehmenden Einsatz von disruptiven Technologien und CPS. Die Aussichten sind vielversprechend, denn in der realen Logistik 4.0 wird der Mensch mit genau diesen Systemen in hybriden Arbeitsszenarien Hand in Hand zusammenarbeiten. Der vermehrte Einsatz digitaler Assistenzgeräte wie AR-Datenbrillen oder Tablets wird die dazu benötigten Mensch-Maschine-Schnittstellen schaffen und ermöglicht durch eine direkte Kommunikation zwischen Mensch, CPS und Plattform einen vollständigen Wandel in den Arbeitsabläufen. Die Maschine wird die

---

[146] Vgl. Goebel, J./Tyborski, R., WiWo 2017, S. 23.

[147] Vgl. Ziegler, P., C'T 2017, S. 84.

[148] Vgl. o.V., Effizienter kommissionieren, 2015.

standardisierten, repetitiven und körperlich anspruchsvollen Tätigkeiten übernehmen, während der Mensch im Gegenzug als flexible, gestalterische und überwachende Komponente agiert. Diese neue Mensch-Maschine-Kollaboration wird die Vorteile und Stärken beider Parteien vereinen, zu einer messbaren Steigerung der Arbeitsleistung führen und gleichzeitig den beteiligten Mitarbeiter entlasten. Dadurch wird beispielsweise nicht nur der prognostizierte Anstieg des Sendungs- und Auftragsvolumens bewältigt, sondern auch dem Fachkräftemangel effektiv entgegengewirkt, da durch Entlastung die Attraktivität unbeliebter Berufe wieder ansteigt.[149;150] Die zunehmende Entlastung führt jedoch auch zu einer Transformation ganzer Berufsfelder und damit zu einer Verschiebung der Mitarbeiterkompetenzen, beispielsweise im Falle eines klassischen LKW-Fahrers, welcher durch teilautonomes Fahren zum „LKW-Begleiter" wird. Logistik 4.0 bedeutet eben auch den Einzug einer neuen Arbeitsorganisation 4.0, der Mitarbeiter der früher vielleicht nur ein geringes Aufgabenspektrum „abzuarbeiten" hatte, ob im Lager oder am Schreibtisch, wird zukünftig ein deutlich höheres Anforderungsprofil erfüllen müssen. In der Logistik 4.0 wird der vernetzte Mensch fortschreitend immer flexibler, reaktiver, intuitiver und vor allem selbstlernender Denken und Handeln müssen, immer in direkter cloudbasierter Interaktion und Kommunikation mit den CPS.[151] Diese zunehmende Vernetzung bildet dabei die Grundlage der sich stetig weiterentwickelnden digitalen Logistikprozesse, aus denen wiederrum neue Berufsgruppen hervorgehen: Neben dem bereits genannten LKW-Begleiter könnte sich beispielsweise der Lagerist zum CPS-Koordinator, der Staplerfahrer zum Drohnenpilot und der Spediteur zum Datenanalyst wandeln, immer abhängig von Art und Einsatzzweck der jeweiligen Mensch-Maschine-Interaktion.[152] Die Entwicklung wird zu immer intelligenteren CPS, zu immer intensiverer Mensch-Maschine-Vernetzung und somit auch zu immer stärkerer Kooperation führen. Wie arbeiten Mensch und Maschine in der Logistik 4.0 zukünftig zusammen? Die Antwort ist vermutlich kein Geheimnis mehr: Als Einheit.

---

[149] Vgl. Ten Hompel, M., VR Spezial 2018, S. 13-14.

[150] Vgl. Straub, N./Kaczmarek S./Hegmanns, T./Niehues, S., I40 2017, S. 50.

[151] Vgl. Vogel-Heuser, B./Bauernhansl, T./Ten Hompel, M., Handbuch Industrie 4.0, 2017, S. 82-83.

[152] Vgl. Dörfelt, S./Scherf, J., Logistikjobs der Zukunft, 2017.

Anhang

Abb. 1: Die Geschichte der industriellen Revolution.
Quelle: Bauernhansl, T./Ten Hompel, M./Vogel-Heuser, B., Industrie 4.0, 2014, S. 6.

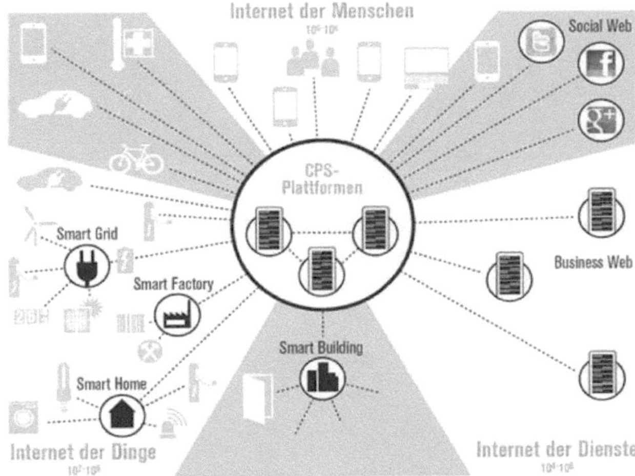

Abb. 2: Die drei „Internets" und seine Schnittstellen.
Quelle: Müller, W., Industrie 4.0, 2015: Industrie 4.0.

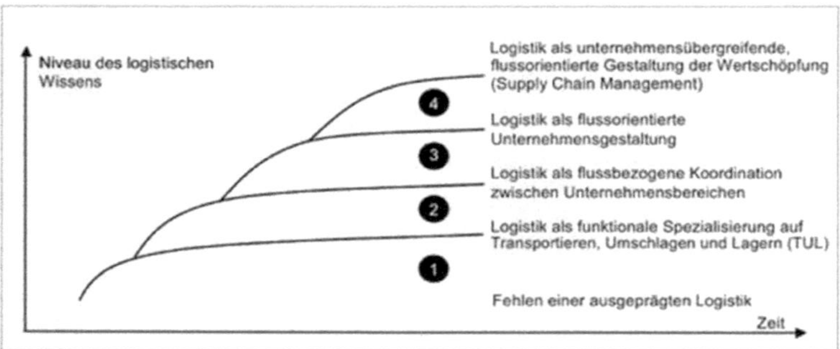

Abb. 3: Die Entwicklungsstufen der Logistik.
Quelle: Voß, P., Horizontale Supply-Chain, 2008, S. 28.

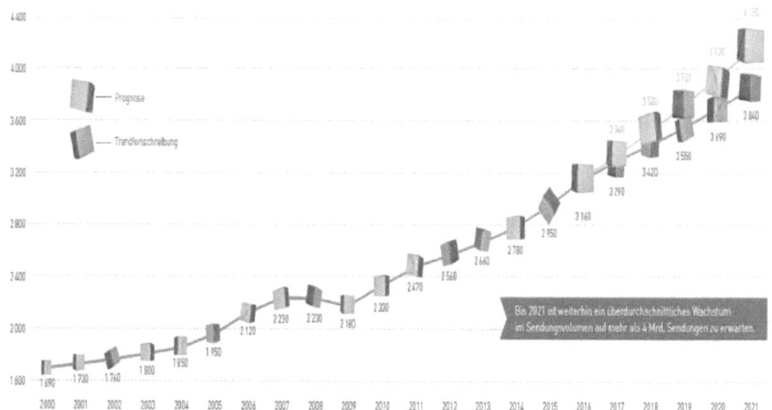

Abb. 4: Die Entwicklung des Paketsendungsvolumens in Deutschland.
Quelle: Bundesverband Paket und Expresslogistik, KEP-Studie, 2017, S. 13.

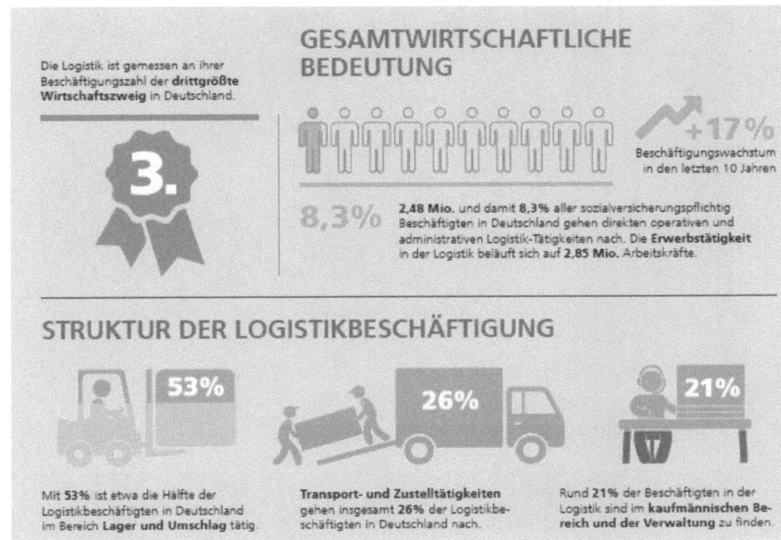

Abb. 5: Die Logistikbeschäftigung 2015 in Deutschland.
Quelle: Kübler, A./Distel, S./Veres-Hom, U., Logistikbeschäftigung, 2015, S. 6.

Abb. 6: Der Prototyp einer Amazon-Paketdrohne.
Quelle: o.V., Alternative Zustellung, 2016.

Abb. 7: Der „Starship"-Paketroboter.
Quelle: Kannenberg, A., Starship-Lieferroboter, 2016.

Abb. 8: Der „PostBOT" im Praxistest.
Quelle: Gehlen, G., Erster Alltagstest, 2017.

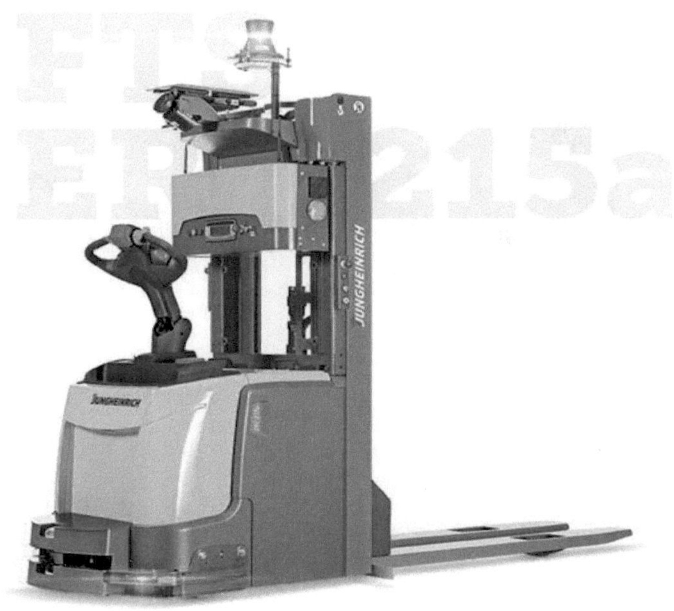

Abb. 9: Der Jungheinrich ERC 215a.
Quelle: o.V., ERC 215, 2018.

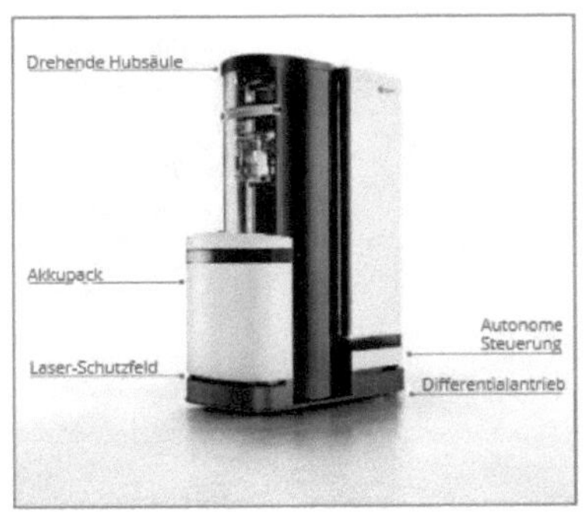

Abb. 10: Der Aufbau des Magazino „TORU".
Quelle: o.V., Magazino Toru.

Abb. 11: Der intelligente SAFELOG-Kommissionierwagen.
Quelle: o.V., Intelligenter Kommissionierwagen, 2017.

Abb. 12: Motorisierter Exoskelett-Prototyp und unmotorisierte Exoskelett-Hebehilfe.
Quelle: o.V., Neues Exoskelett, 2015.
        o.V., Mitarbeiter im Lager mit Exoskeletten, 2017.

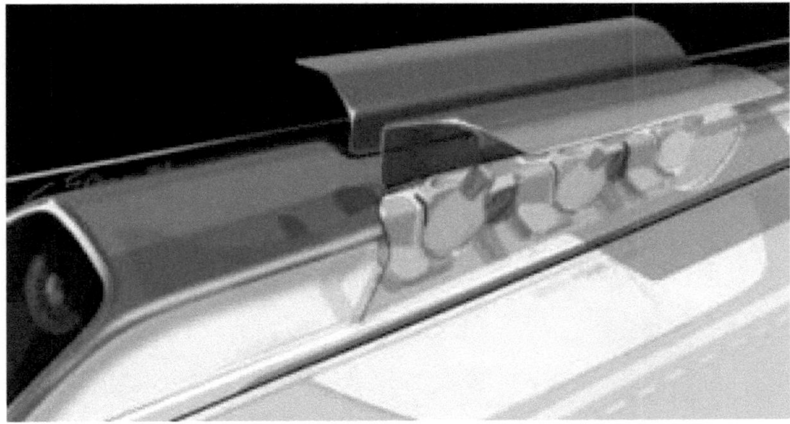

Abb. 13: Eine „Hyperloop"-Konzeptzeichnung.
Quelle: Ihlenfeld, J., Rohrpost mit 1220km/h, 2013.

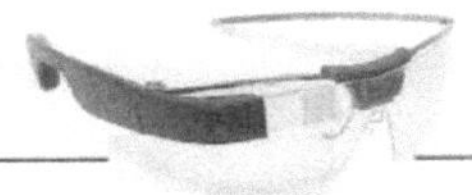

Google Glass Enterprise Edition	**Vuzix M300**	**Realwear hmt-1**
Auflösung (Display) vermutlich 640 × 360 (monoskopisch)	**Auflösung (Display)** 640 × 360 (monoskopisch)	**Auflösung (Display)** 854 × 480 (monoskopisch)
Auflösung (Foto-Kamera) 5 Megapixel	**Auflösung (Foto-Kamera)** 13 Megapixel	**Auflösung (Foto-Kamera)** 16 Megapixel
Schnittstellen Micro-USB, WLAN, Bluetooth	**Schnittstellen** Micro-USB, WLAN, Bluetooth	**Schnittstellen** Micro-USB, WLAN, Bluetooth
Betriebssystem Android	**Betriebssystem** Android 6	**Betriebssystem** Android 6
SoC Intel Atom mit 2 GB RAM und 32 GB Flash-Speicher	**SoC** Intel Atom mit 2 GB RAM und 64 GB Flash-Speicher	**SoC** Qualcomm Snapdragon 625 mit 2 GB RAM und 16 GB Flash-Speicher
Gewicht 36 g	**Gewicht** keine Angabe	**Gewicht** 370 g
Akkukapazität 780 mAh	**Akkukapazität** 160 mAh intern / 860 mAh extern am gegenüberliegenden Brillenbügel	**Akkukapazität** 3250 mAh
Preis ca. 1500 Euro	**Preis** ca. 1700 Euro	**Preis** ca. 4000 US-Dollar
Besonderheiten extrem leicht, aber nicht ruggedized	**Besonderheiten** kann am rechten oder linken Auge getragen werden, Helmmontage möglich	**Besonderheiten** wasser- und staubgeschützt nach IP66, Display-Ausleger in allen Achsen verstellbar, kann am rechten oder linken Auge getragen werden, Helmmontage möglich

Abb 14: Eine Übersicht aktueller Datenbrillen.
Quelle: Janssen, J., C'T 2017, S. 69-70.

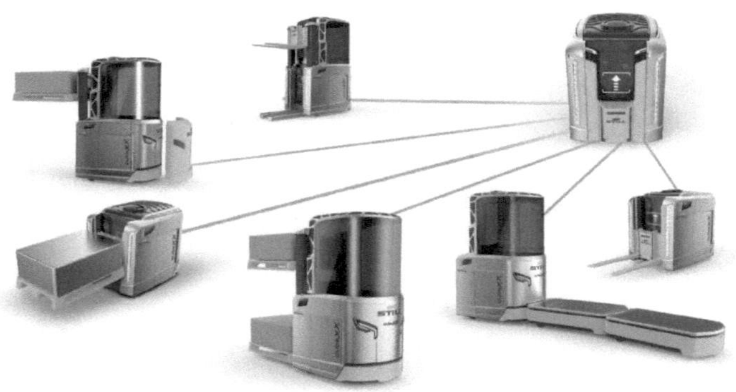

Abb. 15: Die 6-in-1-Funktion des STILL „CubeXX".
Quelle: Vogel-Heuser, B./Bauernhansl, T./Ten Hompel, M.,Handbuch Industrie 4.0, 2017, S. 78.

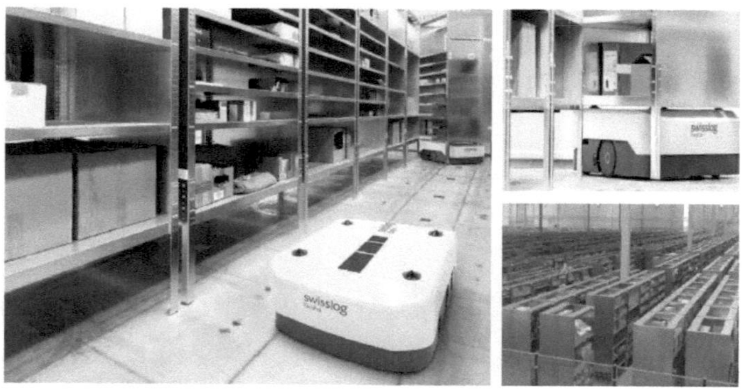

Abb. 16: Das Swisslog „CarryPick"-System.
Quelle: Swisslog AG, CarryPick: Flexibel und modular, 2018, S.1-2.

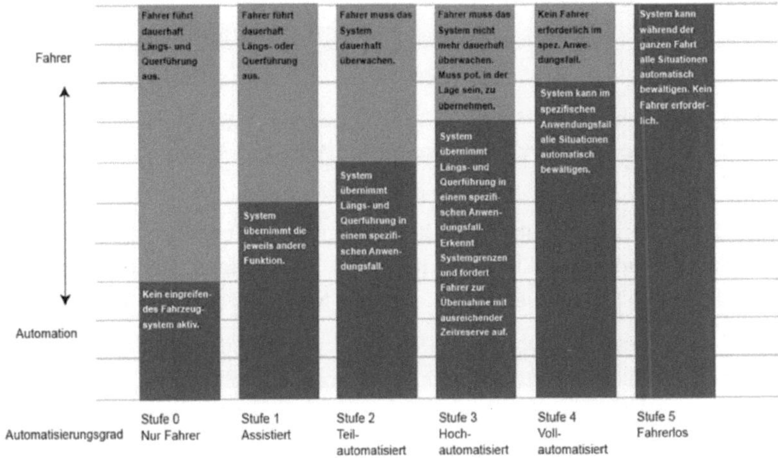

Abb. 17: Die Stufen des automatisierten Fahrens.
Quelle: Clausen, U./Stütz, S./Bernsmann, A./Heinrichmeyer, H., Die letzte Meile, 2016, S. 51.

Abb. 18: Die Funktionsweise des „Platooning"-Konzepts.
Quelle: Smethurst, G., Automatisiertes Fahren, 2017.

Quellen

Literatur

Andelfinger, Volker/Hänisch, Till (cyber-physische Systeme, 2017): Industrie 4.0 – wie cyber-physische Systeme die Arbeitswelt verändern, Wiesbaden 2017

Arnold-Rothmeier, Hildegard (ifo 2016): Digitalisierung, Online-Handel und Smart Production: Chancen und Herausforderungen für die Logistikbranche, in: ifo Schnelldienst, 69. Jahrgang, Nr. 15/2016, S. 30-33

AXIT GmbH (Logistik 4.0, 2016): AXIT-Expertenpapier Logistik 4.0: Wie autonom lassen sich Prozesse managen?, Frankenthal 2016

Bauer, Theresa/Hermanni, Alfred-Joachim/Stopper, Silke/Ornau, Frederik (Digitalisierung in Wirtschaft und Wissenschaft, 2017): Digitalisierung in Wirtschaft und Wissenschaft, Riedlingen 2017

Bauernhansl, Thomas/Ten Hompel, Michael/Vogel-Heuser, Birgit (Industrie 4.0, 2014): Industrie 4.0 in Produktion, Automatisierung und Logistik, Wiesbaden 2014

Bäumler, Ilja (Telematiksysteme, 2015): Schriftenreihe des Lehrstuhls für Logistikmanagement: Überblick über die Telematiksysteme für den Straßengüterverkehr, Bremen 2015

Bernau, Varinia (WiWo FutureBoard, 2017): Neues Spiel: So verändert künstliche Intelligenz die Wirtschaft, in: Wirtschaftswoche FutureBoard, Sonderausgabe 04/2017, S. 2-3

Bousonville, Thomas (Digitale Transformation, 2017): Logistik 4.0: Die digitale Transformation der Wertschöpfungskette, Wiesbaden 2017

Buck, Moike/Wrobel, Heiko (Branchenanalyse Kontraktlogistik, 2015): Branchenanalyse Kontraktlogistik: Eine Markt- und Beschäftigungsanalyse in Deutschland, Düsseldorf 2015

Bundesverband deutscher Industrie (Perspektiven für die Logistik, 2017): Herausforderungen und Perspektiven für die Logistik 2025: Unter welchen Vorzeichen stehen die Veränderungen in der Industrie und in der Logistik in Deutschland?, Berlin 2017

Bundesverband Informationswirtschaft, Telekommunikation und neue Medien e.V, (Digitale Supply Chain, 2014): Leitfaden Digitale Supply Chain, Berlin 2014

Bundesverband Paket und Expresslogistik (KEP-Studie, 2017); KEP-Studie 2017: Analyse des Marktes in Deutschland, Berlin 2017

Bundesvereinigung Logistik (Fachkräftemangel in der Logistik, 2017): BVL Management Summary zur Umfrage „Fachkräftemangel in der Logistik", Hamburg 2017

Bundesvereinigung Logistik (Trends und Strategien, 2017): Trends und Strategien in Logistik und Supply Chain Management: Chancen der digitalen Transformation, Hamburg 2017

Clausen, Uwe/Stütz, Sebastian/Bernsmann, Arnd/Heinrichmeyer, Hilmar (Die letzte Meile, 2016): ZF-Zukunftsstudie 2016: Die letzte Meile, Friedrichshafen 2016

Follert, Guido (Leitbild eines HUB2MOVE, 2017): Wandlungsfähige Logistik: Leitbild eines HUB2MOVE, Dortmund 2017

Goebel, Jacqueline/Tyborski, Roman (WiWo 2017): Der Paket-Infarkt: Das gebrochene Versprechen, in: Wirtschaftswoche, Nr. 50/2017, S. 18-24

Günther, Willibald (Augmented Reality unterstützte Kommissionierung, 2009): Pick-by-Vision: Augmented Reality unterstützte Kommissionierung, München 2009

Heilmann, Dirk/Eickemeyer, Ludwig/Kleibrink, Jan (Industrie 4.0 im internationalen Vergleich, 2016): Handelsblatt Research Institute: Industrie 4.0 im internationalen Vergleich, Düsseldorf 2016

Heinze, Ronald (ETZ 2014): Cyber-Physical Systems als Basis für Industrie 4.0, in: ETZ: Elektrotechnik & Automation, 1-2/2014, S. 24-27

Janssen, Jan-Keno (C'T 2017): Ich war ein Roboter: Selbstversuch: Wie Datenbrillen die Arbeitswelt optimieren, in: C'T: Magazin für Computertechnik, 19/2017, S.68-70

Kasselmann, Sebastian/Willeke, Stefan (Assistenzsysteme, 2016): Technologie-Kompendium: Interaktive Assistenzsysteme, Hannover 2016

Kübler, Annemarie/Distel, Stefan/Veres-Hom, Uwe (Logistikbeschäftigung, 2015): Logistikbeschäftigung in Deutschland: Vermessung, Bedeutung und Struktur, Stuttgart 2015

Kuhn, Thomas/Maier, Astrid (WiWo FutureBoard 2017): Läuft wie gedruckt: Hörgeräte, Flugzeugteile, Schuhsohlen: der 3D-Druck zieht in die Massenfertigung ein. Ein Lagebericht., in: Wirtschaftswoche FutureBoard, Sonderausgabe 04/2017, S. 24-26

Molzow-Voit, Frank/Quandt, Moritz/Freitag, Michael/Spöttl, Georg (Robotik in der Logistik, 2016): Robotik in der Logistik: Qualifizierung für Fachkräfte und Entscheider, Wiesbaden 2016

Pflaum, Alexander/Schwemmer, Martin/Gundelfinger, Christine/Naumann, Victor (Transportlogistik4.0, 2017): Fraunhofer-Arbeitsgruppe für Supply Chain Services SCS: Transportlogistik4.0, Nürnberg 2017

Schiller, Thomas/Maier, Michael/Büchle, Martin (Truck Study, 2016): Deloitte Global Truck Study 2016: LKW Märkte im Umbruch, München 2016

Schulte, Christoph (Optimierung der Supply-Chain, 2016): Logistik: Wege zur Optimierung der Supply Chain, 7. Auflage, München 2017

Straub, Natalia/Kaczmarek, Sandra/Hegmanns, Tobias/Niehues, Stephanie (I40 2017): Logistik 4.0 – Logistiksysteme im Wandel: Technologischer Wandel in Logistiksystemen und deren Einfluss auf die Arbeitswelt in der operativen Logistik, in: Industrie 4.0 Management, 04/2017, S. 47-51

Swisslog AG (CarryPick: Flexibel und modular, 2018): Factsheet Swisslog CarryPick: Flexibel & Modular: Die neue Art der Kommissionierung, Dortmund 2018

Ten Hompel, Michael (VR Spezial 2018): Mensch und Maschine als neues Team, in: Verkehrsrundschau, Spezial Sonderheft Logistik-Trends 2018, S. 12-15

Thomas, Oliver/Kammler, Friedemann/Zobel, Benedikt/Sossna, David/Zarvic, Novica (IM+io 2016): Supply Chain 4.0: Revolution in der Logistik durch 3D-Druck, in: IM+io Fachzeitschrift für Innovation, Organisation und Management, 01/2016, S. 58-63

Tümler, Johannes/Mecke, Rüdiger (Mobile Augmented Reality, 2006): Forschung vernetzen Innovationen beschleunigen: Mobile Augmented Reality für die Werkerassistenz, Magdeburg 2006

Vogel-Heuser, Birgit/Bauernhansl, Thomas/Ten Hompel, Michael (Handbuch Industrie 4.0, 2017): Handbuch Industrie 4.0: Logistik, 2. Auflage, Berlin 2017

Voß, Peter-Hans (Horizontale Supply-Chain, 2008): Horizontale Supply-Chain-Beziehungen, Wiesbaden 2008

Welling, Stefan (VR Spezial 2018): Zukunft Berufskraftfahrer: Richtiges Lernen will gelernt sein, in: Verkehrsrundschau, Spezial Sonderheft Logistik-Trends 2018, S. 38-40

Wiedmann, Nadine (Bedürfnisse der Intralogistik, 2016): IWL-Studie: Bedürfnisse der Intralogistik: Wie schätzen Branchenprofis den Markt ein und was bedeutet das?, Ulm 2016

Wissmann, Matthias/Rodi, Hansjörg/Frese, Burkhard/Hellmich, Klaus/Voß, Peter/Winkelmann, Boris (VR Spezial 2018): Innovationen des Jahres: Welche Innovationen wünschen Sie sich?, in: Verkehrsrundschau, Spezial Sonderheft Logistik-Trends 2018, S. 4-7

Ziegler, Peter-Michael (C'T 2017): Kettenreaktion: Logistik im Transportwesen, in: C'T: Magazin für Computertechnik, 12/2017, S. 82-84

Internetbeiträge

Afsoui, Linda (Arbeit in der Logistik 4.0, 2017): Arbeit in der Logistik 4.0: Wie verändert Digitalisisierung die Arbeit der Logistiker, 2017, https://logistik-aktuell.com/2017/08/29/arbeit-in-der-logistik-4-0/, abgerufen am 11.01.2018

Bendel, Oliver (Big Data): Gabler Wirtschaftslexikon: Big Data, http://wirtschaftslexikon.gabler.de/Definition/big-data.html, abgerufen am 02.01.2018

Bendel, Oliver (Cyber-physische Systeme): Gabler Wirtschaftslexikon: Cyber-physische Systeme, http://wirtschaftslexikon.gabler.de/Definition/cyber-physische-systeme.html, abgerufen am 30.12.2017

Bendel, Oliver (Datenbrille): Gabler Wirtschaftslexikon: Datenbrille, http://wirtschaftslexikon.gabler.de/Definition/datenbrille.html, abgerufen am 19.01.2018

Bendel, Oliver (Digitalisierung): Gabler Wirtschaftslexikon: Digitalisierung, http://wirtschaftslexikon.gabler.de/Definition/digitalisierung.html, abgerufen am 21.12.2017

Bendel, Oliver (Industrie 4.0): Gabler Wirtschaftslexikon: Industrie 4.0, http://wirtschaftslexikon.gabler.de/Definition/industrie-4-0.html, abgerufen am 28.12.2017

Bendel, Oliver (Virtuelle Realität): Gabler Wirtschaftslexikon: Virtuelle Realität, http://wirtschaftslexikon.gabler.de/Definition/virtuelle-realitaet.html, abgerufen am 19.01.2018

Betram, Ingo (Hermes testet Starship-Roboter, 2016): Hermes testet Starship-Roboter: Die wichtigsten Fragen, 2016, https://newsroom.hermesworld.com/hermes-testet-starship-roboter-die-wichtigsten-fragen-10720/, abgerufen am 12.01.2018

Birger, Nicolai (Der Arbeitsmarkt ist leergefegt, 2017): „Der Arbeitsmarkt ist leergefegt, wir finden keine Fahrer mehr", 2017, https://www.welt.de/wirtschaft/article168723196/Der-Arbeitsmarkt-ist-leergefegt-wir-finden-keine-Fahrer-mehr.html, abgerufen am 08.01.2017

Bottler, Stefan (Ladungsträger werden smart, 2017): IT in der Logistik: Ladungsträger werden smart, https://www.dvz.de/rubriken/logistik/it-in-der-logistik/single-view/nachricht/ladungstraeger-werden-smart.html, abgerufen am 13.01.2018

Bronsch, Jana (Platooning, 2016): Platooning: Europäischer Aufbruch zum vernetzten Lkw, 2016, https://www.zf-zukunftsstudie.de/platooning-europaeischer-aufbruch-zum-vernetzten-lkw/, abgerufen am 19.01.2018

Eisert, Rebecca (Gebt den Maschinen das Kommando, 2014): Industrie 4.0 Gebt den Maschinen das Kommando, 2014, http://www.wiwo.de/technologie/cebit-spezial/industrie-4-0-die-intelligente-fabrik/9594706-2.html, abgerufen am 29.12.2017

Dörfelt, Stefan/Scherf, Jonas (Logistikjobs der Zukunft, 2017): Digitalisierung: Logistikjobs der Zukunft: Was sich durch Digitalisierung ändert, 2017, https://www.mm-logistik.vogel.de/logistikjobs-der-zukunft-was-sich-durch-digitalisierung-aendert-a-635582/, abgerufen am 02.02.2018

Dörner, Stephan (jedem zweiten Job das Aus, 2016): Droht mit Digitalisierung jedem zweiten Job das Aus?, 2016, https://www.welt.de/wirtschaft/ webwelt/article150856398/Droht-mit-Digitalisierung-jedem-zweiten-Job-das-Aus.html, abgerufen am 28.01.2018

Gehlen, Göran (Erster Alltagstest, 2017): Wenn der Roboter die Briefe bringt: Erster Alltagstest des Postbot, 2017, https://www.heise.de/newsticker/ meldung/Wenn-der-Roboter-Briefe-bringt-Erster-Alltagstest-des-Postbot-3849915.html, abgerufen am 12.01.2018

Grünrock-Kern, Ulrike (15 Trends, 2017): 15 Trends beeinflussen Strategie und Praxis der Logistik, 2017, https://www.bvl.de/thema-tus2017, abgerufen am 06.01.2018

Hagelüken, Alexander/Ratzesberger, Pia/Hulverscheidt, Claus (wenn Arbeit alles ist, 2015): Amazon: wenn Arbeit alles ist, 2015, http://www. sueddeutsche.de/wirtschaft/arbeitsbedingungen-arbeit-ist-alles-1.2616369, abgerufen am 10.01.2018

Häring, Kim (Exoskelette helfen, 2017): Exoskelette helfen die Ergonomie zu verbessern, 2017, http://ipl-mag.de/ipl-magazin-rubriken/scm-praxis/570-exoskelette-helfen-die-ergnomie-zu-verbessern, abgerufen am 17.01.2018

Heisterhagen, Nils/Schwickert, Dominic (Industrie 4.0 ist Deutschlands Chance, 2014): Gastbeitrag Industrie 4.0 ist Deutschlands Chance für die Zukunft, 2014, http://www.wiwo.de/gastbeitrag-industrie-4-0-ist-deutschlands-chance-fuer-die-zukunft/10824016.html, abgerufen am 28.12.2017

Ihlenfeld, Jens (Rohrpost mit 1220km/h, 2013): Hyperloop: Menschliche Rohrpost mit 1220 km/h, 2013, https://www.golem.de/news/hyperloop-menschliche-rohrpost-mit-1-220-km-h-1308-100937.html, abgerufen am 19.01.2018

Janiesch, Christian (Cyber-physische Systeme, 2017): Lexikon der Wirtschaftsinformatik: Cyber-physische Systeme, 2017, http://www.enzyklopaedie-der-wirtschaftsinformatik.de/lexikon/ informationssysteme/Sektorspezifische-Anwendungssysteme/cyber-physische-systeme/cyber-physische-systeme/, abgerufen am 30.12.2017

Kannenberg, Axel (Starship-Lieferroboter, 2016): Starship-Lieferroboter werden in Europa getestet, 2016, https://www.heise.de/newsticker/ meldung/Starship-Lieferroboter-werden-in-Europa-getestet-3258376.html, abgerufen am 12.01.2018

Kläsgen, Michael/Öchsner, T. (Mitarbeiter ausbeuten, 2017): Niedrige Löhne: Wie Paketdienste ihre Mitarbeiter ausbeuten, 2017, http://www.sueddeutsche.de/wirtschaft/lieferdienste-wie-paketdienste-ihre-mitarbeiter-ausbeuten-1.3793184, abgerufen am 09.01.2018

Kirisci, Pierre/Pannek, Jürgen/Ghrairi, Zied/Thoben, Klaus-Dieter/Lawo Michael (Mensch-Roboter-Kollaboration, 2015): Mensch-Roboter-Kollaboration in cyber-physischen Arbeitsumgebungen, 2015, http://www.productivity.de/node/500, abgerufen am 06.01.2018

Kroker, Michael (IT-Trends, 2017): Digitalisierung, Cloud, Big Data: Die IT-Trends 2017, 2017, http://blog.wiwo.de/look-at-it/2017/02/09/digitalisierung-cloud-big-data-die-it-trends-2017/, abgerufen am 02.01.2018

Lorenzen, Meike (Datenwust, 2012): Kaum jemand blickt durch im Datenwust, 2012, http://www.wiwo.de/technologie/2-800-000-000-000-000-000-000-daten-kaum-jemand-blickt-durch-im-datenwust/7561800.html, abgerufen am 02.01.2018

Meffert, Jürgen/Dörner, Karel/Mohr, Niko/Schumacher, Thomas (Auf ins neue Zeitalter, 2017): Auf ins neue Zeitalter: Wie der digitale Wandel neue Welten erschafft, 2017, http://www.handelsblatt.com/adv/digitalatscale/auf-ins-neue-zeitalter-wie-der-digitale-wandel-neue-welten-erschafft/12819490.html, abgerufen am 22.12.2017

Michalek, Raphael (Fahrerlose Transportsysteme, 2017): Fahrerlose Transportsysteme: Was sind fahrerlose Transportsysteme? Definition und Vorteile, 2017, https://www.mm-logistik.vogel.de/was-sind-fahrerlose-transportsysteme-definition-vorteile-a-658199/, abgerufen am 12.01.2018

Müller, Wolfgang (Industrie 4.0, 2015): Industrie 4.0: Was ist so neu an der Digitalisierung?, https://www.linkedin.com/pulse/industrie-40-ist-so-neuder-digitalisierung-wolfgang-m%C3%BCller?articleId= 7349964875653600239, abgerufen am 22.12.2017

Nissen, Regina (Digitalisierung und Arbeit 4.0): Gabler Wirtschaftslexikon: Digitalisierung und Arbeit 4.0, http://wirtschaftslexikon.gabler.de/ Definition/digitalisierung-und-arbeit-4-0.html, abgerufen am 05.01.2018

Oeser, Gerald (Logistik 4.0): Gabler Wirtschaftslexikon: Logistik 4.0, http://wirtschaftslexikon.gabler.de/Definition/logistik-4-0.html, abgerufen am 04.01.2018

o.V. (Augmented Reality, 2017): Logistik Knowhow: Augmented Reality in Logistik und Service, 2017, https://logistikknowhow.com/augmented-reality-in-logistik-und-service/, abgerufen am 19.01.2018

o.V. (Alternative Zustellung, 2016): Intralogistik: Alternative Zustellung auf der letzten Meile, 2016, https://intralogistik.tips/alternative-zustellung-auf-der-letzten-meile/, abgerufen am 12.01.2018

o.V. (Disruption): Lexikon Disruption, https://www.gruenderszene.de/lexikon/ begriffe/disruption, abgerufen am 22.12.2017

o.V. (Effizienter kommissionieren, 2015): Logistik: Effizienter kommissionieren, 2015 https://www.dvz.de/rubriken/logistik/single-view/nachricht/effizienter-kommissionieren.html, abgerufen am 01.02.2018

o.V. (ERC 215, 2018): Jungheinrich: FTS ERC 215a, http://www2.jungheinrich.de/fahrerlose-transportsysteme/? utm_medium=internal&utm_source=jungheinrich.de&utm_campaign=APM&utm_content=produktseite, abgerufen am 15.01.2018

o.V. (Gütertransport: Unterirdisch, 2017): Lager in Bewegung: Gütertransport: Unterirdisch und rund um die Uhr, 2017, http://www.wiwo.de/ technologie/green/tech/lager-in-bewegung-guetertransport-unterirdisch-und-rund-um-die-uhr/20387582.html,

o.V. (Highlights: der STILL cubeXX, 2014): Highlights: Der Still cubeXX beantwortet heute die Fragen von morgen, 2014, https://web.still.de/15037.0.0.html, abgerufen am 22.01.2018

o.V. (Hintergrund zur Plattform Industrie 4.0, 2018): Hintergrund zur Plattform Industrie 4.0, 2018, http://www.plattform-i40.de/I40/ Navigation/DE/Plattform/Plattform-Industrie-40/plattform-industrie-40.html;jsessionid=4A3C686D50C964068922324233C07FA3, abgerufen am 28.12.2017 o.V. (Hochregallager, 2013): Hochregallager, 2013, https://lo-gistikknowhow.com/hochregallager/, abgerufen am 30.12.2017

o.V. (Kleinteilekommissionierung, 2011): Null-Fehler in der Kleinteilekommis-sionierung, 2011, https://www.pressebox.de/ inaktiv/safelog-gmbh/Null-Fehler-in-der-Kleinteilkommissionierung/boxid/389821, ab-gerufen am 17.01.2018

o.V. (Intelligenter Kommissionierwagen, 2017): Intelligenter Kommissionier-wagen: Patentierte Technologie voller Vorteile, 2017, http://www.sa-felog.de/loesungen/intelligenter-kommissionierwagen/, abgerufen am 20.01.2018

o.V. (Lastwagen bis 2025 teilautonom, 2017): McKinsey&Company: Lkw-In-dustrie: Jeder dritte Lastwagen bis 2025 teilautonom, 2017, https://www.mckinsey.de/deliveringchange, abgerufen am 26.01.2018

o.V. (Magazino Toru): Magazino Toru: Pick-by-Robot für das Warenlager, https://www.magazino.eu/web2016/wp-content/uploads/ 2017/03/TORU_deutsch-1.pdf, abgerufen am 16.01.2018

o.V. (Mitarbeiter im Lager mit Exoskeletten, 2017): Geodis stattet Mitarbeiter im Lager mit Exoskeletten aus, 2017, https://www.verkehrsrundschau. de/nachrichten/geodis-stattet-mitarbeiter-im-lager-mit-exoskeletten-aus-1937263.html, abgerufen am 18.01.2018

o.V. (neue Herausforderungen, 2017): QMC: Logistik- und Speditionsbranche: Das Rückgrat der Wirtschaft vor neuen Herausforderungen, 2017, http://www.qmc.de/herausforderung-zukunft-logistik-und-verkehr/, ab-gerufen am 19.01.2018

o.V. (Neues Exoskelett, 2015): Fraunhofer Presseinformation: Neues Exoskelett für maximale Bewegungsfreiheit, 2015, https://www.ipa.fraunhofer.de/ de/presse/presseinformationen/2015-12-08_neues-exoskelett-fuer-ma-ximale-bewegungsfreiheit.html, abgerufen am 17.01.2018

o.V. (Online-Warenhandel wächst, 2018): E-Commerce: Online-Warenhandel wächst zweistellig, 2018, http://www.wiwo.de/unternehmen/handel/e-commerce-online-warenhandel-waechst-zweistellig/20873500.html, ab-gerufen am 22.01.2018

o.V. (Pilotprojekt Platooning, 2018): Pilotprojekt Platooning geht in den Logistikeinsatz, 2018, https://www.verkehrsrundschau.de/ nachrichten/pilotprojekt-platooning-geht-in-den-logistikeinsatz-2063973.html/1613398, abgerufen am 14.02.2018

o.V. (RFID der Intralogistik, 2013): Das bietet RFID der Intralogistik, 2013 http://www.materialfluss.de/software-und-identsysteme-spektrum/das-bietet-rfid-der-intralogistik/, abgerufen am 30.12.2017

o.V. (Roboter-Kommissionierung, 2017): Intralogistik: Roboter-Kommissionierung: Die Zukunft im Lager?, 2017, https://intralogistik.tips/roboter-kommissionierung-die-zukunft-im-lager/, abgerufen am 17.01.2018

o.V. (Städte in Not, 2018): Städte in Not: Wie kommt die Ware aus dem Internet zum Kunden?, 2018, http://www.wiwo.de/technologie/green/ biz/staedte-in-not-wie-kommt-die-ware-aus-dem-internet-zum-kunden/20903130.html, abgerufen am 29.01.2018

o.V. (Smart-Glasses in der Kommissionierung, 2016): Intralogistik: Pick-by-vision: Smart Glasses in der Kommissionierung, 2016, https://intralogistik.tips/pick-by-vision-smart-glasses-in-der-kommissionierung/, abgerufen am 20.01.2018

o.V. (Smart Watch, 2017): Intralogistik: Smart Watch, Augmented Reality & Co., 2017, https://intralogistik.tips/smart-watch-augmented-reality-co/, abgerufen am 17.01.2018

o.V. (500 Milliarden Euro Potenzial): McKinsey Global Institute: Digitialisierung: Deutschland verschenkt 500 Milliarden Euro Potenzial, 2017,

o.V. (5300 Zusteller zu wenig, 2017): 5300 Zusteller zu wenig: Zu Weihnachten droht Deutschland der Päckchen-Infarkt, 2017 https://www.focus.de/ immobilien/videos/lieber-jetzt-schon-bestellen-5300-zusteller-zu-wenig-zu-weihnachten-droht-deutschland-der-paeckchen-infarkt_id_7595781.html, abgerufen am 10.01.2018

o.V. (6 in 1: Der STILL cubeXX, 2014): 6 in 1: Der STILL cubeXX: Das Multitalent, 2014, https://web.still.de/15036.0.0.html, abgerufen am 22.01.2018

Pander, Jürgen (Lasst Wagen fahren, 2017): Nutzfahrzeug-Trends: Lasst Wagen fahren, 2017, http://www.spiegel.de/auto/aktuell/autonome-und-elektrische-lkw-lasst-wagen-fahren-a-1172594.html, abgerufen am 28.01.2018

Plattner, Hasso (Big Data, 2017): Enzyklopädie der Wirtschaftsinformatik: Big Data, 2017, http://www.enzyklopaedie-der-wirtschaftsinformatik.de/lexikon/daten-wissen/Datenmanagement/Datenmanagement--Konzepte-des/Big-Data/index.html/?searchterm=Big%20dAta, abgerufen am 02.01.2018

Pelzel, Kristina (Das Ende der globalen Supply Chain?, 2013): Ist der 3D-Druck das Ende der globalen Supply Chain?, 2013, https://www.inform-software.de/blog/post/ist-der-3d-druck-das-ende-der-globalen-supply-chain, abgerufen am 28.01.2018

Roblek, Vasja/Mesko, Maja/Krapez, Alojz (Industry 4.0): A complex view on industry 4.0, 2016, http://journals.sagepub.com/doi/full/10.1177/2158244016653987, abgerufen am 29.12.2017

Roodsari, Ali Vahid (Bot und Bote, 2017): Deutsche Post: Bot und Bote, 2017, http://www.zeit.de/2017/53/deutsche-post-bote-postbot-technologie, abgerufen am 13.01.2018

Roth, Stephan, (System of Systems, 2015): Was ist eigentlich ein System of Systems?, 2015, https://roth-soft.de/systems-engineering/was-ist-ein-system-of-systems/, abgerufen am 25.01.2018

Schorta, Silvia (Digitalisierung und Arbeit 4.0): Digitalisierung und Arbeit 4.0: einfach nur eine unterschiedliche Bezeichnung?, https://www.silviaschorta.com/digitalisierung-und-arbeit-4-0/, abgerufen am 22.12.2017

Smethurst, Graham (Automatisiertes Fahren, 2017): VDA: Automatisiertes Fahren, 2017, https://www.vda.de/de/themen/innovation-und-technik/automatisiertes-fahren/platooning.html, abgerufen am 19.01.2018

Specht, Frank (Häuserkampf, 2017): Logistik: IG Metall setzt ihren „Häuserkampf" fort, 2017, http://www.wiwo.de/unternehmen/handel/ logistik-ig-metall-setzt-ihren-haeuserkampf-fort/19697158.html, abgerufen am 10.01.2018

Stenzel, Jonas (Hub2Move, 2018): Fraunhofer IML: Hub2Move, 2018, https://www.iml.fraunhofer.de/de/abteilungen/b1/automation_eingebettete_systeme/Forschung/hub2move.html, abgerufen am 24.01.2018

Unruh, Volker (Flexibel transportieren, 2009): Fahrerlose Transportsysteme: Flexibel transportieren mit fahrerlosen Systemen, 2099, https://www.mm-logistik.vogel.de/flexibel-transportieren-mit-fahrerlosen-systemen-a-194802/index2.html, abgerufen am 15.01.2018

Vehlow, Stefan (Last-Mile, 2017): Last-Mile Logistik, 2017, https://www.logistik-info.net/aktuelle-themen/last-mile-logistik/, abgerufen am 11.01.2018

Von Lindern, Jakob (die Industrie erobern, 2017): Virtuelle Realität: Wie Datenbrillen die Industrie erobern, 2017, http://www.wiwo.de/ unternehmen/mittelstand/hannovermesse/virtuelle-realitaet-wie-datenbrillen-die-industrie-erobern/19678822.html, abgerufen am 19.01.2017

Walz, Jörg (Mobile Roboter, 2017): 7.Technologieforum Fahrerlose Transportsysteme und mobile Roboter am Fraunhofer IPA, 2017, http://www.innovations-report.de/html/berichte/veranstaltungen/7-technologieforum-fahrerlose-transportsysteme-und-mobile-roboter-am-fraunhofer-ipa.html, abgerufen am 16.01.2018

Werneke, Moritz (Logistik von morgen gestalten, 2018): Logistik 4.0: Mit Hilfe von neuen Logistik 4.0-Technologien die Logistik von morgen gestalten, 2018, https://www.iml.fraunhofer.de/de/abteilungen/b1/intralogistik-und--it-planung/dienstleistungen0/Logistik_4_0.html, abgerufen am 06.01.2018

Wuttke, Walther (Vorbild Zugvogel, 2017): Daimler Next Magazin: Platooning: Vorbild Zugvogel, 2017, https://www.daimler.com/innovation/ next/platooning-vorbild-zugvogel.html, abgerufen am 25.01.2018